10 lecciones

de vida

desde la

MUERTE

"Un libro sobre la vida que te ayudará a ver más belleza, sentir más poder y conocer más amor."

Don Miguel Ruiz, autor del *bestseller* internacional
Los cuatro acuerdos

10 lecciones
de vida
desde la
MUERTE

MIKE DOOLEY

Autor de *Infinite Possibilities, bestseller* del *New York Times*

alamah°

10 lecciones de vida desde la muerte

Título original: *The Top Ten Things Dead People Want to Tell You*
Publicado por acuerdo con Hay House Inc., Carlsbad, CA.

Primera edición: enero de 2016

D. R. © 2014, Mike Dooley

D. R. © 2016, derechos de edición mundiales en lengua castellana:
Penguin Random House Grupo Editorial, S. A. de C. V.
Blvd. Miguel de Cervantes Saavedra núm. 301, 1er piso,
colonia Granada, delegación Miguel Hidalgo, C. P. 11520,
México, D. F.

www.megustaleer.com.mx

D. R. © 2015, Elena Preciado, por la traducción
D. R. © 2015, Charles McStravick, por el diseño de cubierta

ISBN: 978-607-31-3860-4

Impreso en México – *Printed in Mexico*

El papel utilizado para la impresión de este libro ha sido fabricado a partir de madera procedente
de bosques y plantaciones gestionadas con los más altos estándares ambientales, garantizando
una explotación de los recursos sostenible con el medio ambiente y beneficiosa para las personas.

Penguin
Random House
Grupo Editorial

Para los vivos… Todavía es tu turno.

Índice

Introducción

Nadie sabe cómo empezó todo, ni siquiera los muertos. Pero eso sí, todos sabemos que empezó.

Lo bueno es que para empezar a vivir con más diversión y felicidad no se necesita saber nada de antemano. Lo malo es que, por desgracia, *hoy en día* esto parece bastante lejos de ser entendido tanto por los vivos como por los muertos. Hay civilizaciones más avanzadas a lo largo del cosmos, incluido nuestro mundo en el tiempo venidero (es decir, en el futuro). En ese mundo, los vivos saben tanto como los muertos acerca de todas las cosas. Pero justo ahora, por razones que se aclararán conforme avances en tu lectura, los muertos tienen una perspectiva mucho mejor. Observan más. Recuerdan haber escogido sus vidas. Recuerdan el amor inevitable, apapachador y sublime. Por eso tienen varias cosas que decirle a los vivos, quienes en este momento no saben nada.

Estos son tiempos muy primitivos, por lo que las *10 lecciones de vida desde la muerte* son muy urgentes.

¿Cómo lo sé? Sólo lo sé. Así como sabes que te aman sin escucharlo.

El *cómo* saber *qué* sabemos no es tan importante como *lo* que sabemos, ¿cierto?, siempre y cuando sea la verdad. Tampoco necesitas saber quién prendió la luz en una habitación oscura para utilizar esa luz.

Lo mismo pasa con la verdad sobre la vida y la muerte. No importa cuántas opiniones haya, la verdad es lo que es. No importa cómo la encuentres, mientras lo hagas, y entre más pronto la descubras, mayor será la paz que alcanzarás. ¿Cómo sabrás que es la verdad? Porque tendrá sentido de forma lógica, intelectual y emocional. Aunque esto no es muy común, porque durante el último milenio hemos tenido una infinidad de versiones sobre ella.

Al encontrarla te sentirás liberado, poderoso, claro, feliz, amado, y tu confusión desaparecerá. Entonces, de repente, verás su evidencia en todas partes, incluso ante tu nariz, *incluyendo* a tu misma nariz. Además, tal vez bailarás feliz… mucho.

BAILAR EN LA VERDAD DEL AMOR

¿Estás feliz con tus pies? Porque este libro habla de bailar con la verdad del amor que ha estado en silencio toda tu vida.

No temas, no te pediré hacer ninguna locura para seguir el ritmo de mis explicaciones. En vez de eso, te compartiré todo lo que he aprendido con un poco de lógica y sentido común. Bien, para empezar:

> Si piensas, como la mayoría de los físicos cuánticos, que el tiempo y el espacio son relativos, y
> + Si crees, como 92% de la población,[1] que sobrevivimos a nuestra propia muerte física, entonces
> = ¿no crees que los muertos están *muy emocionados* por alcanzar la comodidad e inspirar a los que aman y a toda la humanidad?

Respondiste sí, ¿verdad? Obvio: esperas que quieran gritarte desde la cima de la montaña después de haber atravesado su propia mortalidad de la cuna a la tumba. Ahora tienen una conciencia

---

[1] Según el estudio Pew de 2007.

absoluta y asombrosa de su existencia continua, además de conservar su personalidad y sentido del humor intactos. Cuando descubren que al morir y llegar a casa (al origen) los llenan de amor y tienen una visión mucho mejor de la vida (en lugar de encontrarse con sus errores, pecados, vergüenzas y demás), es natural que quieran "sacudir la polilla" para nosotros.

Imagina ser una persona amada que acaba de morir. Después de tu fiesta de bienvenida, todavía con lágrimas de felicidad corriendo por tus mejillas, echas un vistazo a la Tierra. De repente ves todos los corazones rotos y el desastre que dejó tu velorio entre los dolientes. "¡Que me parta un rayo!" En ese momento, nada sería más importante que ponerte en contacto, decirles: "¡Estoy bien! ¡Todo es maravilloso! ¡No estoy *muerto*! ¡*Me reuniré* con ustedes después! ¡*Todavía no es su turno! ¡Sigan durmiendo, viviendo, amando!*"

¿Y no crees que recibir noticias tan fantásticas haría que todo cambiara para los vivos? ¿Y quién mejor que los que amamos y extrañamos para calmar al afligido e inspirarnos a todos?

¿QUÉ NO ES DIOS?

La compulsión de los muertos por ponerse en contacto se intensifica cuando descubren que no hay rastro de Dios después de la muerte, *como dicen casi todas las religiones.* Éstas son muy buenas noticias si consideras la forma en que la mayoría de las religiones representan a Dios. Claro que *sí hay un Dios,* sólo que no es como nos lo enseñaron. A veces, las palabras se nos escapan cuando queremos usarlas para describir la verdad, pero lo intentaré: Dios es la suma de *todo lo que existe,* cada voz, cada latido del corazón, cada hombre, mujer y niño, cada animal, insecto, ave, cada piedra, planeta, hoja, planta, árbol y cada partícula de polvo, incluyendo seres conscientes removidos lejos del tiempo y el espacio. Así que la pregunta "¿Qué *no es* Dios?" se puede contestar de una manera muy simple: "Nada."

¿Va quedando claro? ¿No es lo que sospechabas todo este tiempo? Reconocemos la verdad cuando la vemos porque corre por nuestras venas y forma nuestro ADN. Por eso, cuando hacemos grandes preguntas, reflexiones interesantes o escuchamos ideas nuevas, nos permitimos reconocerla, si estamos listos. La verdad es lo que somos y quienes somos. No es abstracta ni fugaz. Somos "eso", pero con vida. La verdad *es objetiva,* real, simple. Y el hecho de que todos los caminos lleven a Roma, no significa que alguno pueda cambiar la ciudad.

Reconocemos la verdad cuando la encontramos. Pero como nos metimos de lleno en la "vida" durante una etapa temprana del desarrollo espiritual de nuestra civilización, por lo general no nos permitimos ir a lugares mentales que no podamos tocar, probar, ver, escuchar o sentir. Muy al estilo del *hombre de las cavernas,* aunque bastante predecible por el momento específico que vivimos (en nuestro arco evolutivo).

Esta época *es* primitiva, y como los tiempos se definen por la gente que los ocupa, entonces, somos primitivos. Aunque no por casualidad, sino por intensión. Sabíamos que sería así. Escogimos mostrarnos pronto en el desarrollo de la humanidad, tal vez como parte del precio para conseguir mostrarnos más tarde como maestros o porque las posibilidades que existen hoy no existirán de la misma manera después. Ahora eso ya no importa, ya estamos aquí. Somos bebés en las junglas del tiempo y el espacio y, por lo tanto, estamos asustados por el mundo que nos rodea, nos sentimos vulnerables, dependemos casi en forma exclusiva de nuestros sentidos físicos para etiquetar, definir y progresar. Qué horror…, ¡y qué dolor!

> El hecho de que todos los caminos lleven a Roma, no significa que alguno pueda cambiar la ciudad.

Si está roto, arréglalo

Nacer ingenuo no significa que debas quedarte así. La ignorancia sirve a su propósito, las ilusiones atrapan nuestra atención. Empieza el juego. Ahora las rueditas de entrenamiento, que al principio nos ayudaron a avanzar en la bicicleta, nos estorban y frenan. Se derraman lágrimas y se rompen corazones de manera innecesaria. Es tiempo de cambiar nuestra órbita, de *sacar a los muertos a escena.* Esta especie de hermanos y hermanas mayores, más íntimos que los de sangre, anhelan ayudar a su gente y facilitar la curva de aprendizaje de la vida tanto como sea posible. Después de todo, en breve nuestros papeles se invertirán.

Hoy, ellos tienen lo que necesitas: perspectiva. Tú tienes lo que necesitan: el mundo que pronto heredarán. Además, somos familia, te aman y tú a ellos. Y lo que tienen que decirte es electrizante, transformacional, elimina los miedos y genera alegría: la verdad sobre quién *eres,* cómo *llegaste* aquí, por qué *estás* aquí y qué *puedes hacer* con tu tiempo en este espacio.

Claro que los muertos no tienen el tipo de voz que puedes escuchar… todavía. No usan *laptops*, teclados o internet. Así que, si me lo permites, seré tu guía. Soy tan ordinario y extraordinario como tú, pero tal vez recuerdo un poco más. Pienso que escogí esta vida, en parte, para hacer sólo eso: recordar más. Tengo una mentalidad, unos padres y otras circunstancias que incluyen algunos potenciadores de memoria fantásticos. Además de la tendencia de pasar 40 de mis 53 años preguntando, reflexionando y, a últimas fechas, accediendo a la verdad, todo de forma dichosa. Durante todo este tiempo mi objetivo principal ha sido vivir mis descubrimientos: aplicar estas respuestas atemporales a mi vida, formarla con el propósito de *mi propia* felicidad y prosperidad. Sin embargo, para mi sorpresa, en los últimos 14 años, también me he convertido en profesor de tiempo completo. Enseño sobre la naturaleza de la realidad y vivo una vida que es ejemplo de lo que predico y la causa de mi alegría. ¿Coincidencia? No lo creo.

Empecé la búsqueda a una edad temprana, en la adolescencia. Cuando era estudiante de primer año en la Universidad de Florida, mi cuestionamiento sobre la verdad me llevó a obsesionarme con la muerte (buena época). *¿Por qué* morimos? ¿Todos? ¿Nos vamos *para siempre? ¡¿En serio?!* Después, mi madre empezó a enviarme libros[2] que, combinados con mis propios presentimientos e intuiciones, contestaban mis preguntas y balanceaban mi mundo.

Resulta que cuestionarse sobre la muerte puede enseñarte mucho sobre la vida. El proceso de abrir tu mente (mientras esperas respuestas) combinado con realizar acciones (tocar puertas y buscar bajo las piedras) te convierte en un imán para los descubrimientos. Nada te libera más que la verdad y nada te detiene más que no conocerla. Saber es poder. Cura lo que duele, llena lo vacío, aclara lo confuso, aligera lo pesado, une a los amigos, convierte el polvo en oro y hace que salga el sol. Un hombre o una mujer iluminados y en armonía con la verdad se vuelven un *supergenialfelizamacosas* invencible. Sí, inventé esta palabra. Gracias.

Sin embargo, como maestro de la realidad, no invento cosas. Comparto lo obvio. Trato de hacerlo divertido. Me la paso bien. Por ejemplo, los últimos 12 años he enviado un *email* diario llamado "Notas del Universo": gotitas de verdad, a veces graciosas, que ahora tienen alrededor de 600 000 suscriptores. También he escrito libros, grabado programas de audio, DVD y dado conferencias por todo el mundo.

De ninguna manera he revelado todos los misterios del universo. Todavía no entiendo a mi perro ni a los cipreses de mi jardín. Pero conozco las respuestas a las preguntas importantes. Sé quiénes

[2] Ver las lecturas recomendadas al final del libro.

somos, por qué estamos aquí, cómo llegamos y qué necesitamos para atraer cambios que mejorarán nuestra vida. *Cualquiera* puede tener acceso a las respuestas (y muchos ya lo tienen).

Después de todo, ¿no esperarías que la vida y nuestro lugar en el universo se pudieran conocer? *En verdad* conocer, incluyendo las partes del antes y el después. Mis experiencias, experimentos y vida me han demostrado que es posible. Por eso, las "diez cosas" de este libro hablan sobre conocer la verdad, para así moverse a través de la justicia y la creación de conciencia. Esto es lo que los muertos, con cualquiera que esté *vivo, consciente y preocupado por ti,* quieren que sepas: los parámetros para prosperar en la Tierra.

La "actividad" favorita de los muertos (cuando no están discutiendo dónde estuvieron o estudiando qué sigue) es animarte desde las gradas, no estar en el sofá enjuagando tus lágrimas. Es literal, no metafórico. Ahora te están viendo, vigilan a la humanidad. Se pegan en sus celestiales frentes, se golpean las rodillas con los puños, gritan consejos, ofrecen apoyo y susurran cosas lindas en tus oídos cuando tropiezas en la oscuridad.

> Nada te libera más que la verdad y nada te detiene más que no conocerla.

En la claridad

Descubrí la verdad y puedo ayudarte a encontrarla. Creo que es absoluta, simple y conocible. Ya sea que estés o no de acuerdo con algo o con todo lo que te he compartido, este libro ofrece conocimientos y perspectivas que pueden ayudarte a vivir una vida más feliz. Ahora mismo. Incluye un acercamiento racional para entender qué significa la vida y cómo vivirla. Reconocerás por primera vez y entonces aceptarás lo obvio de manera abundante (como la vida, los milagros y la felicidad) y al pie de la letra, sin las típicas sobreinterpretaciones, justificaciones y análisis. Verás que al hacer esto agarrarás la sartén de tu destino por el mango de un modo más interesante y poderoso.

No todo será "¡yuhuuuu!, conozco el camino de los créditos y débitos mejor que los dharmas y cristales". No te pediré aguantar todo usando solamente tus sentimientos. En vez de eso, como soy tu compañero en esta aventura de vida, haré como si viera que un amigo dormido se perderá el desayuno, te daré un codazo suavecito y te moveré con cuidado para ayudarte a despertar y ver que algo increíble va a pasar. Algo en verdad asombroso. Y tú estás en el centro de todo.

Te enseñaré que hay un presente permanente, aunque a veces imperceptible, una inteligencia benigna que penetra la gran inmensidad de la realidad, desde el centro de la Tierra hasta el punto más lejano del espacio. Gracias al alcance inmensurable y la magnificencia aparentemente imposible de *sólo lo que podemos detectar,* es seguro decir que todo tiene una razón. Es confiable razonar que no hay errores, que el amor hace todo mejor, que lo que no tiene sentido todavía, un día lo tendrá.

Es seguro decir que estamos impregnados por esta inteligencia benigna. Podemos dirigirla a voluntad para alcanzar un grado significativo y profundo en la vida (gracias a la evidencia abrumadora de nuestras vidas hasta ahora).

En mi búsqueda de repuestas, pronto descubrí que entre más me obsesionaba con una pregunta, más recibía su contestación de forma inevitable. Esto podía ser de manera convencional (por ejemplo, en un libro) o como una "coincidencia". Que estas palabras te hayan encontrado es justo lo que quiero decir. Pero me gustaría advertir que cualquier párrafo, frase, pasaje o capítulo *leído sin el contexto ofrecido por el libro completo* puede ser perturbador, incluso engañoso. Lo anterior sucede por la naturaleza de los temas que pongo sobre la mesa, los cuales, sin duda, estás listo para examinar desde puntos de vista nunca antes considerados. Por eso te aconsejo que si lo vas a leer, lo hagas de principio a fin. Si no, sólo déjalo intacto sobre algún lugar de tu casa hasta que un amigo y ávido lector "se tropiece con él", lo lea completo y te cuente todo lo que descubrió.

Por último, para hacerle justicia a los muertos, he de decir que los siguientes capítulos no hablan por todos. Entre los seres queridos fallecidos, algunos están más concentrados en planear una venganza inútil, en evadir a un Lucifer inexistente o en rezar al retrato de su profeta favorito, que en preocuparse sobre la naturaleza de la realidad, de la cual tal vez conozcan muy poco. En algún momento la abordarán, tan seguro como el día sigue a la noche, pero mientras, los muertos no traen una iluminación automática. Están en una fase de organización para reagruparse, compartir, reír, llorar, autoevaluarse, planear y prepararse para lo que sigue, para la siguiente vida. Por lo tanto, en los siguientes capítulos hablan los muertos que tienen "el conocimiento", ya sea por virtud o por experiencia. Son las "almas viejas" que quieren ponerse en contacto con los que *quieren* escucharlas, es decir, con los que están listos para aprender las verdades de la vida, de manera que puedan llevarse bien con los vivos de un forma mucho más feliz.

Tuyo en esta aventura,

Capítulo 1

¡No estamos muertos!

Es muy raro: las personas desean que les digan lo que ya saben, como si al hacerlo se volviera más real. Por lo tanto, lo primero que los muertos quieren decirte es que nadie muere. Nunca. Nadie. Incluido tú. Vas a vivir para siempre pasando por realidades y dimensiones inimaginables. El amor te transportará de forma continua, todas las fechorías se perdonarán, habrá posibilidades infinitas a la orden, estarás rodeado de amigos y risas, unicornios y arcoíris, serás celebrado como el dios o la diosa que eres.

Sí, aunque esto pone en riesgo toda credibilidad, debes saber la verdad completa: si quieres unicornios, tendrás unicornios.

Las formas se convierten, los estados cambian, la energía se transforma. Pero en la actualidad, hasta la tarjeta de felicitación más sencilla tiene la profundidad y la claridad de recordarte lo que ya sabes: tus queridos muertos están "en un mejor lugar". Y aunque te molestes o tortures preguntándote si eso será verdad, ¿no es cierto que cada religión dice que la vida es eterna? ¿Qué no los científicos ya comprobaron que la materia no es sólida, sino energía *organizada*? Ser "organizado" es la palabra clave en este caso. Está llena de implicaciones. ¿Qué no tu tiempo de sueño nocturno te da a entender la separación obvia entre la conciencia y tu cuerpo físico? ¿Y no hay suficientes acontecimientos registrados sobre cosas paranormales para provocarle un momento de reflexión incluso al más escéptico?

A pesar de esto, pese a la creencia en una vida después de la muerte y una superinteligencia amorosa, poco en la aventura humana puede ser tan doloroso como enfrentar la muerte de un ser querido, lo que en el plano físico significa decir adiós *para siempre*. Puede ser que un día antes le dijeras adiós a la misma persona (con una sonrisa despreocupada y amorosa) al alejarse en el auto para ir trabajar o a la escuela. Pero cuando llega la muerte, sólo hay devastación pura y total.

Ahora sólo la verdad puede ayudarte. La verdad cristalina, clara, absoluta. Ésta existe. Más sólida y confiable que el Peñón de Gibraltar. Y aunque los muertos no puedan inculcarla dentro de ti, pueden revelarla a una mente abierta y ofrecer herramientas y escalones para que te apropies de ella. A través de un razonamiento deductivo, conectar algunos puntos seguros de la ciencia conocida, simplificar, extrapolar y concluir, pronto te sentarás sobre tu legítimo trono, viviendo una paz eterna, despreocupado del monstruo conocido como muerte. Todo esto sólo con saber que cada "adiós" significa un nuevo "hola", y que entre más grande es el primero, más grande es el último.

LO QUE PASA EN REALIDAD

Primero vamos a considerar lo obvio: los objetos inanimados como las rocas, nunca evolucionarán para tener personalidades, colores favoritos o mejores amigos. ¿Por qué? Porque la materia no crea o produce conciencia. ¿Cierto? No sucede en los laboratorios y nunca ha pasado en la naturaleza. Seguro, existe la conciencia, pero no hay fundamentos para asumir que se *origina* de materia o existe debido a algo.

Por lo tanto, independizarse de la materia (retenida y definida por el tiempo y el espacio) también significaría independizarse del tiempo y el espacio. Esto quiere decir que no importando qué sea la conciencia, primero fue una esencia sin forma ni tiempo. ¿Sí? ¿Fácil? ¿Vamos bien? Y todo esto, casi sin esfuerzo, nos da una idea bastante clara: tú, el amorfo y eterno, ahora posees un cuerpo físico de forma temporal, química y orgánicamente formado de las sustancias de la tierra. Este cuerpo es para canalizar tu energía no física y tu personalidad mientras negocias con el espacio, viajas a través del tiempo y experimentas lo que se conoce como vida. ¡*Voilà*!

Seguro quieres interrumpirme: "Ey, amigo, ¡basta! Vas demasiado rápido. Además ¿por qué todo esto?"

Aguanta. Estamos construyendo un caso que tomará diez capítulos, incluyendo varios "por qué".

Entonces, actuaré un poco como abogado del diablo. En la actualidad, mucha gente piensa que los "muertos" están *muertos*. Si esto fuera verdad, ¿no significaría que todo lo demás bajo el sol, incluyendo al mismo sol, es inútil? ¿Incluso estúpido? Y si la vida es inútil en esencia, ¿las bases de la vida no tienen inteligencia? (De hecho, eso es lo que significa "estúpido".) Y si no hubiera inteligencia ¿significa que la vida como la conoces es pura casualidad? ¿Que tu propia y actual existencia es accidental, casual y si te la pasas bien fue por un golpe de suerte *inimaginable*? Es decir, demoler las probabilidades necesarias para ganar la lotería de manera consecutiva cada fin de semana durante 10 000 vidas.

Podría ser.

Por el contrario, regresando a donde nos quedamos, si los "muertos" no están muertos y tú, por lo tanto, sigues transformándote, ¿no significaría que tal vez este tiempo y espacio no son el fundamento de la realidad? Esta conciencia, que se origina en todas partes, ¿es libre de existir más allá del tiempo y el espacio?

Hasta ahora, está presente dentro de las ilusiones, ¿pero debe haber una razón para esto? Y para que exista la razón, ¿debe haber un orden? Y para el orden, ¿debe haber significado? ¿Todo evidencia (otra vez, pero desde un nuevo ángulo) que la inteligencia existe y es independiente de tiempo, espacio y materia?

Sí, podría ser.

Si nos quedamos con esta idea, al ver poco a poco lo obvio (sin sacar demasiadas conclusiones), estudiando a fondo la verdad, también encontrarás la manera de saber mucho más. Y aprenderás que lo más importante en el mundo es entender qué está pasando exactamente. Estas páginas te guiarán.

> *Tú eres la razón de que el sol salga cada día, literal.*

La navaja de Ockham

Guillermo de Ockham o William Ockham fue un fraile franciscano del siglo XIV. Este teólogo e investigador era originario de Ockham, un pueblo en Surrey, Inglaterra. Es famoso por concebir (debatible) la más simple de las herramientas para obtener la verdad de cualquier asunto. El instrumento se llama la navaja de Ockham. Una navaja se usa para remover lo que no queremos, en este caso, especulaciones, mentiras y engaños. La voy a parafrasear:

> Entre dos o más teorías en conflicto, casi siempre la más simple es la correcta.

En esencia quiere decir que para obtener la verdad de cualquier asunto *hay que mantenerlo simple*. Conectar pocos puntos. No caigas en las premisas o las tangentes innecesarias para tener un sentido de paz y confianza. De lo contrario, se nublará la claridad que lograste con la conexión inicial de puntos.

A continuación ejemplificaré lo anterior. Aunque tiempo y espacio casi siempre contienen un número *infinito* de verdades (algunas conocidas y otras no, pero todas debatibles) hay un punto que puede ser conectado. En esto toda la gente estaría de acuerdo, en paz y tendría confianza. Este punto es:

Punto 1: Hoy es un lindo día.

¿Sí? ¿Estás de acuerdo? Si está lloviendo a cántaros donde quiera que te encuentres, por favor, mira el lado bueno. Ahora, claro que puedes argumentar (con razón) que en algunas regiones donde hay sufrimiento y miseria hoy es todo menos un lindo día. Sin embargo, ¿esas regiones no serían la excepción? Excepciones dolorosas, pero excepciones al fin y al cabo, ¿no? Tomando esto como un todo, considerándolo como algo que experimentan la mayoría de las formas de vida en este planeta —aunque cada vida tiene sus retos—, ¿no sería justo decir que sigue siendo un lindo día?

Fue, es, será, dependiendo del momento del día donde estés. Con esta verdad revelada sobre la vida en la Tierra, ¿hay alguien que no tenga algún grado de adherencia? ¿Alguna información para basar decisiones, trazar cursos y hacer planes? Después de todo, saber es poder. Si hoy es un lindo día como lo fue ayer y como lo será mañana (por deducción), puedes elegir disfrutarlo. Baila la danza de la vida, sal al mundo, encuentra a tus amigos, aprovecha cada momento, sé positivo, da vueltas, salta, brinca… ¡Oh! Todo con el poder de conectar un punto.

Muy bien, ahora vamos a ver lo que Ockham quería decir, vamos a conectar varios puntos *innecesarios:*

Punto 1: Hoy es un lindo día…

Punto 2: … porque hay calma antes de la tormenta.

Mmmm… Bueno, tal vez *es cierto*. Tal vez no… Quizá deberías… ¡prepararte porque viene algo difícil! Por otra parte, si no te preparas con anticipación y haces todo bien, a lo mejor puedes continuar tu camino feliz y esperar lo mejor, ¿no?

¿Ves cómo conectar varios puntos *innecesarios,* o un punto dudoso, te desbalancea y pierdes la adherencia?

Ahora vamos a conectar un punto diferente:

Punto 1: Hoy es un lindo día…

Punto 2: … porque anoche llamaste a tu mamá y no perdiste la paciencia. Por eso Dios te está recompensando con la luz del sol y una brisa cálida.

¿Qué? ¿En qué momento entró Dios al escenario? ¿Hay algún juicio implicado? ¿*Y qué?* ¿Las otras personas que disfrutan este lindo día son los beneficiarios inconscientes de *tu* "buen" comportamiento? ¿Qué clase de día habrían tenido si se te olvida llamar a tu mamá o peor, si pierdes la paciencia?

Otra vez, al conectar más de un punto, te desbalanceas. Además, aquí surge otro problema: en la actualidad, el *modus operandi* filosófico de los vivos sigue a que el o la que conecte más puntos *está más cerca de la verdad* y en algunos casos ¡más cerca de Dios! Los que sostienen esto último muchas veces son terroristas o extremistas basados en puntos dudosos. Muchas personas dejan que otras conecten los puntos por ellas.

Dejar que los demás conecten tus puntos significa vivir las reglas de otros. Con la Navaja de Ockham y al estar centrado en ti puedes responder tus propias preguntas.

DE DÓNDE VIENES

El tiempo y el espacio son relativos, ¿cierto? Las personas son diferentes, ¿no? Entonces las cosas son más ilusorias que sólidas, ¿verdad? Es decir, no son lo que parecen.

Punto 1: El tiempo y el espacio (y por consiguiente la materia) son ilusorios.

Entonces, si tiempo y espacio son ilusorios como un espejismo, ¿no debería existir algo que soporte, provoque u origine la ilusión? ¿Algo *cercano* a una referencia confiable? Como el desierto al espejismo. No necesitas entender o saber mucho sobre ese algo (ya serían demasiados puntos), pero ¿no crees que debería existir una especie de dimensión que "preceda" o exista de forma independiente a las ilusiones?

Sí, debería existir.

Punto 2: Hay un ámbito donde no existe el tiempo ni el espacio.

Entonces, ¿qué crees que encontrarás en el ámbito o la dimensión que "precede" a tiempo, espacio, materia y a ti?

¡Wow! Montones y montones y montones de puntos, al parecer todos sin conexión. Por lo general, en este momento de nuestra búsqueda de la verdad nos agobiamos y rendimos, y dejamos que otros lleguen a las respuestas. Pero no temas, porque al menos *hay* un punto que podemos conectar, sólo *uno* que no se sentirá incómodo, improbable o forzado: la conciencia.

¡Sí! Algún tipo de conciencia, también conocida como inteligencia (recuerda que esto ya lo acordamos, es lo opuesto a vivir siendo un estúpido). La conciencia, inteligencia o conocimiento existe antes del tiempo, el espacio y la materia. Si quieres puedes llamar a esto Dios (funciona igual), *pero, por favor, no lo hagas,* al menos no todavía. Casi siempre la gente lo hace sin siquiera reflexionarlo. Pero como para cada persona Dios es una enorme y diferente colección de otros puntos que representan diferentes creencias, dichas colecciones se vuelven irreconocibles conforme pasas de persona a persona.

Punto 3: En el ámbito o dimensión que "precede" a tiempo, espacio, materia y a ti mismo, encontrarás la conciencia. Puedes llamarla Dios (pero no todavía).

Sí. Éstas son observaciones/puntos súper simples, pero de la naturaleza más profunda e importante que te puedas imaginar. Es crucial que me acompañes, te subas a mi barco y admitas lo obvio, porque *tu felicidad y el control de tu vida* están en la cuerda floja. Quizá una de tus más grandes responsabilidades es entender tanto como puedas tu presencia en el cosmos, pero de la forma más simple posible.

Pon atención: estás cerca de descubrir el secreto de este lugarcito.

¿De qué otras formas podemos llamar a la "inteligencia", "conocimiento" o "conciencia"? ¿Qué tal "pensamiento"? Esta palabra por lo general es equivalente o hace posibles las otras tres.

Punto 4: Incluso antes del tiempo y del espacio, ¡encuentras algún tipo de pensamiento!

Quién debes ser

Esto significa que "donde" alguna vez sólo hubo inteligencia, conciencia o pensamiento, ahora existen planetas montañas y gente (tiempo, espacio y materia)… ¿De qué *estarán hechos los planetas, las montañas y la tierra?*

¿Pensamiento? ¡Sí! ¡Correcto! Todos deben estar hechos de pensamiento. ¡El pensamiento se vuelve cosas!

Y *mira quién está pensando ahora...*

Muy bien, nos estamos adelantando.

Punto 5: Los *pensamientos* se vuelven *cosas*. Los *Pensamientos* se vuelven *Cosas*. PVC.

Cuando digo "cosas" también quiero decir circunstancias y sucesos, los cuales son los que mueven o producen las cosas, ¿no es cierto?

Entonces, el pensamiento es el primer motor de todas las "cosas" en el tiempo y el espacio. Pensamiento: conciencia, conocimiento e inteligencia. O puedes llamar a este trío "Dios". Pero hay más (fantásticamente más): si "donde" alguna vez sólo había inteligencia, conciencia o pensamiento (otra vez Dios), ahora, entre otras muchas cosas, existes tú... ¿Qué crees que eres?

Debes provenir de esta conciencia, inteligencia y conocimiento, lo cual, de modo similar e indiscutible, significa que debes ser *de* Dios, *por* Dios, *para* Dios, *puro Dios en ti mismo.* ¡Literal! Los ojos y los oídos del Divino cobran vida dentro de las ilusiones del tiempo y del espacio. Es el sueño de la vida.

Simplemente no puedes *no ser* Dios. ¿Qué serías si no *vinieras de* esta conciencia original? ¿De dónde habrías salido? ¿De qué estarías hecho? ¡Como si hubiera un no-Dios! No hay nada más. Todo es Dios: piedras, océanos, hoyos negros, tú, yo y todos los demás. Como no puedes entrar a la cocina con unas cebollas y jitomates y después de unas horas salir con un pastel de chocolate, de igual manera no puedes empezar una ecuación con los únicos elementos conciencia-pensamiento-Dios y de repente tener algo que no derive de conciencia-pensamiento-Dios.

Punto 6: Eres puro Dios.

No hemos hablado mucho (ni lo haremos) sobre qué *es* Dios. Lo dejaremos definido de modo general en la siguiente frase: Dios es conciencia, inteligencia y pensamiento, es de donde provienen tú y todas las "cosas", y lo que seguirás siendo siempre.

Y si esto te ayuda a sacar conclusiones y a sentirte mejor: Dios es más que tú. Es infinito, inimaginable. Hay chorrocientos mil puntos, *pero no tienes que conectarlos.* El hecho de que haya muchos puntos no significa que una simple celulita de tu cuerpo no sea puro Dios. Incluso, no deberías hacer más conexiones. Por favor, considera que tu motivación en este momento sólo es ayudar a los "muertos" a darte el entendimiento de que, después de todo, no están muertos. Es mucho más probable que creas esto cuando entiendas por completo que su existencia, como la tuya, no depende de las ilusiones en las que siempre habías creído.

Bueno, pasemos a lo siguiente. Respondamos algunas de las preguntas que han incomodado a la humanidad desde el año cero. Nada mejorará más tu confianza que continuar contestando cuestiones.

POR QUÉ ESTÁS AQUÍ

Éste es un punto muy importante. ¿Te sientes nervioso? Sin duda, en todas las épocas te han lavado el cerebro, te han dicho que eres limitado, envejecido, débil, nacido del pecado, en el pecado, unido a él por el resto de tu vida de modo inevitable y que de cualquier manera ¡serás cuestionado y juzgado! ¿Eh? ¿Por qué? ¿Para ver si no pecaste? Que trampa tan inverosímil. "No ganar/no ganar", dicho de otra forma, "perder/perder". ¿Qué tal si restauramos todas estas ideas, dejamos la puerta abierta y no conectamos puntos que no necesitan conexión?

Entonces, gracias a tu herencia bastante fácil-de-deducir, eres puro Dios. Esto quiere decir que sólo hay una explicación para tu presencia en el tiempo y el espacio actual: *tú escogiste estar aquí.* Si eres *de* Dios, *para* Dios, *puro* Dios, y si él (conciencia, pensamiento, inteligencia) precede el tiempo y el espacio, significa que tú, o una porción de ti, también ha estado antes del tiempo y el espacio.

Si alguna forma tuya existió antes del tiempo y el espacio y ahora estás aquí, entonces, ¿qué otra explicación podría haber para tu presencia y la de los demás en medio de estas ilusiones, salvo que tú la escogiste? Ésa es la verdad. Lógica. Así de simple. Tiene sentido. ¿Tendría sentido el que te hubieran forzado a estar aquí? ¿Quién forzaría a Dios y cómo? ¿Tendría sentido que no tuvieras participación? ¿O qué, te empujaron desde una nube? ¿Te tocó bailar con la más fea?

Punto 7: Tú escoges y decides estar aquí.

Es interesante ver cuánto *trabajo* nos cuesta entender que los muertos seguirán existiendo *más allá* de las ilusiones. Sin embargo, comprender que existieron antes de ellas nos causa un problema aún mayor. Pero si el tiempo, el espacio y la materia son una ilusión de tu propia creación (PVC), ¡debes entenderlo! Complicado. Es obvio que tu entendimiento es pobre hasta este momento por falta de memoria. Hay una ausencia total de cualquier recuerdo de tu pasado antes de convertirte en quien eres ahora, dentro de las ilusiones. Pero ¿desde cuándo no acordarse de algo que niega su existencia? Además, de repente, con la más pequeña introspección (conexión de puntos) se aclara la razón por la que no recuerdas que decidiste estar aquí: *no quieres recordar.*

Fuera luces, entra la amnesia

Cuando ves una película en el cine, ¿quieres las luces prendidas o apagadas? Apagadas, ¿verdad?

¿Por qué? ¡Para verla mejor! No sólo con los ojos, sino con el corazón. *Quieres sentirla mejor.* Estar con los actores y actrices en cada escena. Quieres que tus miedos te persigan y ¡enfrentarlos! ¡Quieres sobresalir y prevalecer! Besuquearte con el galán de tu elección. *Quieres olvidar* por unos momentos que existe el "tú normal", y entonces el "grandioso tú" puede ser entretenido y educado. Después de todo, dentro de una o dos horas, cuando la película termine, regresará la luz, regresarás a lo que eres. Excepto que… serás "más" por la experiencia de *olvidarte* de ti mismo, por experimentar otras reglas, como alguien más con diferentes creencias, con diferentes soportes en la vida y entre amigos diferentes (todo contenido dentro del guion que viste).

El "primer" tú, aquel que precedió a tiempo y espacio, escogió las *ilusiones* entre las que ahora vives por las mismas razones por las que decides ver una película: diversión, aprendizaje, alegría, retos y más. El primer tú olvida que existió primero (que planeó las posibilidades de cada escena, construyó cada escenario y vivió más allá de las ilusiones) y, de repente, se despliega el drama de la aventura más profunda y exquisita. El punto aquí es que el "grandioso tú" vino primero, antes de las ilusiones. De hecho, tú, o una porción mayor de ti, las creó, así que tú (el "segundo tú") podrías perderte en ellas. Y al entender esto puedes ver que eres la razón de que el sol salga cada día, literal. No fuiste una idea adicional o una ocurrencia tardía…, fuiste el primer pensamiento. Y lo continuarás "siendo" incluso mucho tiempo después de que se apague la última estrella en el ilusorio aunque espectacular cielo de la noche.

Punto 8: Quieres olvidar quien fuiste para ser quien eres.

Lo anterior significa que si escogiste estar aquí antes de la amnesia y desde el cenit de tu luminosidad (donde eras y tenías mucho más que ahora, sin ofender), entonces, no sólo decidiste estar aquí, escogiste ser quien eres ahora, exactamente cómo eres: *¡éste es quien tú querías ser!* De un infinito número de mundos y posibilidades elegiste la Tierra con un propósito, significado, orden y, sin duda, un montón de otras metas y objetivos por razones hermosas, impresionantes y maravillosas.

> Escogiste ser quien eres ahora, exactamente como eres: ¡éste es quien tú *querías ser!*

Elegiste todo lo que tienes ahora, desde la forma de tu nariz hasta las pecas de las mejillas, la longitud de tus piernas, ¡incluso si tendrías piernas! Tus inclinaciones intelectuales o emocionales, los rasgos de tu personalidad y todo lo demás que reclamas como tuyo en este momento. (*Recuerda* que tienes otros "momentos", eres eterno y este mundo de ensueño, tu mundo actual, es una ilusión. Pero hablaremos de eso más adelante.) Lo repetiré otra vez: no importa que no sientas o sepas cuáles fueron tus ambiciones; esos lapsos de memoria son por completo irrelevantes. Como acabamos de revisar, tu amnesia no significa que no puedas darte cuenta de lo que está pasando. Al igual que "olvidarte" de ti mismo no evita que te entretengas y aprendas en el cine, tu amnesia no te aleja de conseguir lo que viniste a lograr.

Punto 9: Ahora eres quien quisiste ser (y sabías bien lo que hacías al elegir).

EL PUNTO DE LA VIDA

Entonces, ¿cuál es el objetivo de la vida? Otra vez, hay muchos puntos para cualquier respuesta que queramos dar. Pero no necesitas todas las respuestas para conseguir una adherencia masiva, bastan unos pocos puntos conectados de forma confiable. Para lograrlo, sólo busca lo obvio, es decir, lo que *sí* pasa en el curso de cada vida humana. Menciona eso con lo que toda la gente está de acuerdo, no importando su credo o cultura, y encontrarás la respuesta para la pregunta más antigua: ¿Por qué *estoy aquí?*

1. Para amar.
2. Para ser amado.
3. Para buscar la felicidad.

Dentro de estas tres grandes razones, encontramos muchísimas más: para crear, cambiar, servir, aprender, reír, mejorar, ayudar, etcétera. Pero recuerda mantener las cosas simples. Estas tres razones son las principales. Están arriba en la lista de todos los seres humanos.

Punto 10: Estamos aquí por el amor y la felicidad.

¡Eso es todo! ¡Con eso basta! ¿Para qué necesitamos más? Tal vez haya más, mucho más, pero siempre recuerda conectar sólo los puntos obvios, simples y lógicos en los que confías.

Al hacer preguntas fuertes, reflexionarlas y deducir respuestas simples, empiezas a ver cómo encajas en la ecuación de la creación de la realidad. Tú como un Creador.

Estos diez puntos no sólo te ofrecen dirección y significado, también revelan las partes críticas y emotivas en la aventura de la vida: tú, o mejor, *tus pensamientos*. Es el botón a presionar y la palanca a jalar cuando quieres más amor y felicidad, o cuando buscas hacer cualquier tipo de diferencia. Así remplazas la falta con la abundancia, la enfermedad con la salud, la soledad con los amigos, la confusión con la claridad, y el miedo a cualquier cosa, incluyendo tus antiguas ideas sobre la muerte, con confianza.

QUÉ PASA CUANDO MUERES

Bueno, primero que nada, no morirás. Esto es todo lo que debes saber en realidad sobre la muerte, por eso es lo primero que las personas "muertas" quieren decirte. Al principio, a muchos les pareció difícil de creer, sobre todo cuando contemplaron sus propios funerales, merodeando alrededor de sus viejos territorios y gritando, haciendo así guiños a los amigos que dejaron atrás.

Claro, hay una desconexión abrupta que surge al dejar todas las cosas, tiempo y espacio, y al aprender a maniobrar en lo invisible. La naturaleza de esta transición depende por completo de las creencias de los fallecidos en el momento en que ocurre, porque llevan credos y pensamientos a sus nuevos ambientes. Aun ahí, los pensamientos se vuelven cosas más rápidas y más grandes. Éstos se acomodan para combinarse con las expectativas de los recién llegados, y muchas veces sucede en un abrir y cerrar de ojos.

Arpas, ángeles, Jesús, Mahoma, Buda, Krishna, otras deidades, santos y todo lo demás, tienen fragmentos de energía en espera del flujo constante de los recién llegados (no es tan ordinario como suena). Les darán la bienvenida a esos recién llegados, les dirán un sermón o les harán una celebración dependiendo *del sistema de creencias que traigan*. Se pueden ver elaborados "sets" flotando en las nubes, se "ensamblan" puertas doradas, se manifiestan jardines del Edén, lo que sea. Recuerda, en las dimensiones ilusorias, como tiempo y espacio en la vida después de la muerte, estos "salvadores" pueden estar en un número ilimitado de "lugares" al mismo "tiempo". Los comités de bienvenida también incluyen, cuando es apropiado, seres queridos fallecidos y aquéllos cuyas vidas fueron afectadas por la vida y decisiones del muerto que va llegando. Cuando se reúnen para darle la bienvenida, todos adquieren la forma física y la edad que más les gusta. De esta manera se aseguran de que los recién llegados se den cuenta de que en verdad sobrevivieron y llegaron a un lugar hermoso.

El tiempo no es problema, la fiesta puede durar "semanas". El espacio tampoco lo es, porque todo parece existir sólo para ti. ¿Ya lo notaste? Es algo así como sucede en la Tierra. Casi siempre la comunicación se hace a través de telepatía (conforme recuerdas se siente tan natural como un apretón de manos). Puedes viajar adonde quieras sólo con desearlo. Los amigos se encuentran de la misma manera. El pensamiento *es* y *conecta* todo. También te emocionará ver que adoptas la forma física que más te gustaba en la vida y que todos los dolores y sufrimientos desaparecen. Pronto aprenderás cómo cambiar, incluso más a fondo. "Ilimitado" tiene un nuevo significado para los muertos.

De repente aparecen guías amorosos, resplandecientes, radiantes y felices. Te orientan y responden tus preguntas. Te enseñan. Te hacen recordar. Te aman. Te muestran. Todo se aclara. Recuerdas las esperanzas e intenciones de tu vida reciente y por qué la escogiste. Revisas todo lo que ya pasó con lujo de detalles. Ves cómo las cosas se alinearon o por qué no lo hicieron. Tu poder, sabiduría y bondad te sorprenden. Te entristeces por lo que perdiste, equivocaste o malentendiste, pero te inspira saber que puedes volver a intentarlo, a arreglarlo, avanzar con un amor aún más grande e instalarte en él. Las vidas pasadas se aclaran con los amigos, amores y lecciones que contenían. Todo empieza a tener sentido. Se presenta como la creación más asombrosa y artística, una obra maestra que deja a tu mente atónita con su perfección. Y, de repente, te sientes honrado al descubrir que todavía tienes en la mano el pincel que hizo todo esto.

> El tiempo no es problema, la fiesta puede durar "semanas".

¿HOLA, DIOS?

Tal vez haya un personaje representando a "Dios" si lo revelas al llegar (dadas tus creencias y expectativas). Pero conforme las cosas se aclaran, descubrirás que tu necesidad de esa representación desaparece. Al contemplar la maravilla de la existencia y el milagro de tu simple presencia, con el tiempo entenderás que Dios es Todo, siempre, en todo lugar a la vez, no humano pero "vivo" dentro de ti. Y poco a poco notarás que sin símbolos, formas o figuras que lo representen, se hace todavía más cercano.

Conforme crecen tu aceptación y asombro, también lo hacen tu confianza y alegría, y te dan muchas ganas de moverte en nuevas aventuras con quienes amas y te aman. Se te muestran opciones y las evalúas. Puedes elegir quedarte en este nuevo y flexible mundo de ilusiones todo el tiempo que quieras. Te das cuenta de que estás aquí sólo para reponerte de la existencia previa en las junglas del tiempo - espacio y tienes mucho más que aprender. Ahora estás es una versión de las junglas más iluminada, etérea y sólo existe como un lugar para refrescarse, purificarse y reagruparse. Al final, todas tus experiencias dentro de las ilusiones de aquí y de la Tierra se fusionan en eso que alguna vez esperas lograr: *todo lo que Dios alguna vez esperó lograr al ser tú*. En este punto aparecen caminos para moverse más allá de las ilusiones. ¿Como cuáles? No lo sabemos…

Pero lo mejor de todo, tal vez, al menos por ahora, es que todo esto significa que tus seres queridos fallecidos no están muertos. En vez de eso están descansando, rehabilitándose y "soñando" en un lugar bastante espectacular. Ahora están entre amigos y guías. Estarán en tu celebración de bienvenida, cuando vuelvas a casa, riendo, llorando de alegría, bromeando contigo. Es más, podría apostar que gracias a su invisibilidad, están al lado de ti, poniéndote cuernos… y ni cuenta te das.

Carta de un ser querido que murió

Querida Kirsten:
Sé que esto será un *shock*. Me conoces, no soy afecto a las bromas, pero "los reportes de mi muerte son bastante exagerados". Estoy tan "vivo" como el día que nos conocimos, incluso puede que más.

Esto no es el Cielo. No estoy seguro si no pasé o qué sucede, pero no me quejo. Aquí es mejor de lo que pensé, excepto porque no están las puertas del Cielo, no hay citas con Dios y… ¡no hay tiempo para descansar!

Pero tan pronto como supe dónde andaba, me sentí nostálgico por la Tierra. Aunque aquí el azul es más azul, la miel de maple sabe más a maple y todos podemos hablar con los animales, la Tierra tiene algo… diferente. La característica de que todo parezca breve. Además, tiempo, espacio y materia allá parecen absolutos. En la Tierra, una flor parece mucho más delicada que una flor aquí.

No hay duda de que aquí estoy más cerca de mi "casa" que en cualquier otro lugar que hubiera imaginado (mi hogar, el tuyo y el de todos). Aquí el amor es palpable, abunda la comodidad, no se cuestiona la identidad, la perfección es generalizada y todo es como debe ser. En la Tierra sólo puedes sentir estas cosas en algunos breves momentos de toda tu vida.

Aun así, esto no es mi casa. No puedo decir que recuerde o sepa "dónde" está. Este lugar es más bien como unas vacaciones de la intensidad de la Tierra. Nos movemos volando tan rápido como el pensamiento, ¡es increíble! Tengo amigos, lugares a donde ir, cosas que hacer, hasta un auto que lavo a veces sólo para recodar los viejos tiempos. La verdad, es un poco aburrido. Tengo un deseo enorme de regresar al filo de la navaja de la realidad creada. Me mostraron que al regresar al tiempo y al espacio, aprendo más, me vuelvo más sabio y me preparo para un movimiento más grande, incluso uno más cerca de casa, más allá de donde estoy ahora.

Claro que en la Tierra hay miedo. ¡Aquí no! Y en la Tierra existe ese sentimiento de peligro interminable que surge de vivir con los sentidos físicos: la inseguridad, la timidez, la desconfianza en los demás y en uno mismo, la psicosis desenfrenada de preocuparse por lo que los demás piensan de ti, etcétera. La Tierra es como una exótica escuela de aventura y aprendizaje llena de deseos y corazones rotos, abundancia y carencia, comilonas y hambruna…, imaginarás que la lista de extremos es infinita. Pero ¡ése es el punto! Las dicotomías de tiempo y espacio hacen que cada decisión se sienta como si apostaras a todo o nada, como si fuera cuestión de vida o muerte. ¡Tener o no tener! ¡Aquí o allá! ¡Ahora o después! Y esa sensación presente todo el tiempo de "esto o lo otro" es lo que da rienda suelta a las oleadas de emoción tan inquietantes. ¡Aquí no existen las emociones!

Bueno, para terminar: lo mejor de todo. Una de las primeras cosas que descubres al llegar aquí es lo seguro que siempre estuviste en la Tierra. Te das cuenta de que todo el tiempo estuviste muy guiado y protegido, a cargo de tus propias experiencias, y de que podías hacer cualquier cosa que soñaras (aunque las apariencias digan lo contrario). No hay duda de que por eso todo el mundo quiere regresar a la Tierra, no es que seamos infelices con todo esto... ¡Ay! ¡Casi se me olvida! ¡Mi nuevo *hobby* es volar y deslizarme por el sol! Amor, ¿me disculpas? Debo irme, tengo resplandores que atrapar. Y luego, estudiar para mi próxima vida...

Tuyo hasta el fin de los tiempos (lo cual en realidad no está tan lejos).

Johnny

No te preocupes, sé feliz

Si en verdad supieras que tus seres queridos muertos andan por ahí y que los verás muy pronto, ¿no crees que eso cambiaría *todo?* ¿Entonces? Permítelo. Ten por seguro que ahora viven en el amor del universo, están bien y (tal vez te sorprenda) muy ocupados. Sus deseos para ti son los mismos tres que todos tenemos (amar, ser amado y ser feliz). Cuando llegue la hora de tu banquete de bienvenida, que no te imaginas lo grandioso que será, pondrán un lugar especial para ti en la mesa. Pero por ahora tienes una celebración mucho más grande al alcance de la mano: tu vida. Hasta que ese momento llegue, sólo debes saber que no hay que temer a la muerte y mucho menos al diablo o al infierno. Esto último es justo la siguiente "cosa" que los muertos quieren decirte.

Capítulo 2

No existen el diablo ni el infierno

Tal vez no existe mayor mentira que la del diablo esperando a los pecadores en el infierno. Quizá se hizo algo bueno al evitar que la gente se porte mal, pero el problema surge con la manipulación de las masas, ya que la obediencia se vuelve confusa y surgen vidas infelices llenas de arrepentimiento, culpa y miedo.

Claro, para los pecadores es un delirio de alegría sin igual cuando averiguan la mentira mientras cruzan el umbral entre los mundos: no tendrán que conocer a su creador (o peor, a su diablo rojo y enorme). Están eufóricos de descubrir que no sólo son inmortales, sino aprobados, apreciados, perdonados y amados tal como son. Piensan de forma solemne, en lo más profundo de su interior: *Si sólo hubiera sabido esto mientras vivía, qué diferentes habrían sido las cosas.*

Para su buena suerte, pueden ver con claridad que la eternidad todavía es atractiva y abundan las oportunidades de felicidad. Así que tal vez, sólo tal vez, pueden tomar este nuevo descubrimiento y compartirlo con los que siguen vivos.

El principio de la diversión

Primero que nada, otra vez la dicotomía de las ilusiones parece arruinar *todo el mundo*. Para ti, si hay un arriba, debe haber un abajo; si hay un blanco, debe haber un negro; si hay un "antes", entonces hay un "después". Y desde donde estás, dentro de las ilusiones, estás bien, ¿no? ¡Pues no! Las ilusiones de tiempo, espacio y materia *son ilusiones*. Sin darte cuenta, vives tu vida dentro de "una casa de humo y espejos" mientras intentas explicar el mundo exterior. De forma natural, dada tal desventaja (enorme por no saber que estás en desventaja), hay una creencia general de que si hay un dios, *debe* existir un opuesto: un diablo. Aunque resulta que las cosas no son lo que parecen.

Lo que la mayoría no puede ver es que sin las ilusiones no hay tiempo, ni espacio ni materia y, por lo tanto, no hay dicotomías. Lo que significa que no hay aquí o allá. No hay antes o después. No existe querer lo que no tienes o tener lo que no quieres. En esencia, ningún lugar a donde ir, nadie con quien ir, nada que hacer y además nada que ponerse. Sin aventuras ni diversiones. *¡Para eso son las ilusiones!*

El precio por la diversión y la aventura, posibles gracias a las ilusiones, es creer en esas cansadas mentiras. Pero una vez que el juego empieza es difícil saber dónde pintar tu raya. Por eso la gente adopta la necesidad de ir a "lugares". Por ejemplo: el cielo y el infierno (aunque sea innecesario, doloroso y hasta tenebroso).

El Yin y el Yang

Los opuestos existen dentro de las ilusiones, lo que implica algo muy profundo, algo obvio pero que todo el mundo ha olvidado: *¡son elementos teóricos!*

Aunque las dicotomías de tiempo y espacio hacen posibles los opuestos, la verdad es que no necesitan existir. Permanecen en potencia hasta que los creas. Sin embargo, la mayoría asume que si tiene uno, debe tener el otro. Por ejemplo, para ser feliz debes conocer la tristeza; para tener luz debe existir oscuridad; para sentir frío debes conocer el calor. Cada arriba significa que hay un abajo, cada contra tiene un pro, y viceversa. A pesar de que las dicotomías crean objetividad, con extremos teóricos de cada lado, es ingenuo pensar que al conocer, investigar o experimentar un extremo, conoces, investigas o experimentas el otro. Recuerda: de todas maneras son ilusiones.

De hecho hay ascéticos que evitan la alegría y la felicidad pensando que así provocarán depresión y tristeza. Eso ignora el hecho de que el amor es el pegamento que mantiene a la creación unida (no el amor y el odio en igual medida). Esta vida es sólo buena, no balanceada entre buena y mala. Tú eres de Dios, para Dios y con tendencia sólo al éxito. Y no al éxito y al fracaso por igual.

Sentir frío no significa que después debas sentir calor en la misma medida. ¿O vivir en el hemisferio norte significa que otro día, de modo inevitable, debes vivir en el hemisferio sur? ¿O vivir una vida feliz de servicio a los demás significa que el péndulo debe regresar convirtiendo a los buenos samaritanos en asesinos? No se necesita sufrir para conocer la alegría o tener miedo de que la felicidad traerá una tristeza posterior. Y tampoco una creencia en Dios significa que debe existir un diablo, y mucho menos la creencia en el cielo significa que hay un infierno.

TODO ES BUENO

Todo lo bueno es evidencia de la generosidad de la vida. Sí, "bueno" es parte de la dicotomía imaginaria (¡buena atrapada!). Pero aun así, es bastante más acertado decir que la vida es buena, a decir que es buena y mala. *Esto es maravilloso: genera esperanza, otorga adherencia, infunde optimismo y promueve la cooperación.* Es mucho más preciso decir que Dios es bueno a decir que es bueno y malo. De hecho, es como si todo lo bueno que has escuchado sobre ti, la vida y Dios fuera cierto. Pero *nada* de lo malo lo es. Esto nos lleva a lo siguiente: sí, hay un "cielo" (el cual sólo significa que tu conciencia continúa más allá de la tumba), pero no hay un infierno.

Seguro, tal vez esto suena fantasioso, pero hay evidencia de su absoluta verdad *por todas partes*. ¡*Tú* "eres", *yo* "soy"! Esta *vida*, como sea que haya "empezado", ¡*de alguna manera ha continuado!* Contra toda lógica y a pesar de la humanidad, no se le ha acabado el gas, no se ha colapsado o autodestruido. ¡Al contrario, sigue expandiéndose y mejorando!

La creencia alternativa común es que el mal existe *por sí mismo,* por voluntad propia, y que de alguna manera sólo tenemos suerte de que el "bien" vaya ganando. Pero si el mal existiera por sí mismo, ¿no crees que aprendería a ser exitoso, al menos en algunas regiones? ¿Que se organizaría mejor y se volvería cada vez más y más malo? ¿Hay evidencia de él en cualquier parte de la naturaleza? ¿Destrucción sólo porque sí?

Si el mal existiera como una fuerza por sí misma y se volviera cada vez más terrible, ¿qué pasaría cuando aplastara y destruyera todo lo bueno? ¿Se mataría? ¿No ves que si el mal existiera *por sí mismo* en cualquier forma (grande, pequeño) al final se autodestruiría? No podría continuar sin un apoyo, sin nada que lo soporte. Sólo hay vida. Todo es bueno. Todo es Dios. Estas palabras (vida, bueno, Dios) son sinónimos, son vocablos absolutos que continúan evolucionando frente a los ojos de quienes desean ver las cosas como son:

Vida = Bueno = Amor = Uno mismo = Dios

Aunque las personas siguen haciendo el mal, nunca es porque sean malvadas por sí mismas. Y aunque esto *no* parece ser el caso en el mundo actual, apenas hemos arañado la superficie de todo lo que los muertos quieren decirnos. Mucho de esto también te ayudará a entender la maldad y las cosas malas que hace la gente.

EL ARGUMENTO TÍPICO

"Pero ¿por qué si Dios ama *tanto* y es tan sabio, grande y valiente, dio a sus hijos el mejor regalo concebible? ¿Para qué les dio la libertad? ¿No es para tomar sus propias decisiones? ¿Para distinguir el bien y el mal?"

¡Sí! ¡Muy bien! Y con tal regalo todos podrían vivir por siempre creciendo y ayudando y aprendiendo y mejorando y creando y transformándose… ¿Cierto? ¡Pues no! Por desgracia, así no va la historia. En vez de eso, después de algunos periodos muy breves, tan cortos que no los puedes imaginar, la mayoría de la gente asumió que sólo tenía una vida humana. No importa quiénes fueron tus padres, dónde o cuándo naciste, ni qué tan corta fue tu vida; en cuanto se termina, toda la gente asegura que la libertad, en vez de un regalo, sólo fue una prueba y que al morir sigue el juicio y la sentencia.

Veamos, si Dios en verdad ama *tanto* y en verdad fue magnánimo al distribuir el mejor regalo —la libertad—, ¿ese asunto de prueba-juicio-sentencia no significa que en algún lugar a lo largo del camino nos quitaron el regalo? Haré unas preguntas hipotéticas: ¿Qué tan grande sería tu libertad si tuvieras una vida brutal en la Tierra (naciste en hambruna, fuiste abandonado y abusado sexualmente) y pasaras el resto de tu vida lleno de odio y haciendo cosas malvadas antes de que mates a alguien a los 32 años? ¿Serías afortunado en el infierno toda la *eternidad*? O qué tal si, después de una hermosa vida en la Tierra, con padres amorosos, en una sociedad moderna, cometes un fraude para meter a tu hijo en Harvard, ¿cómo pagan unos padres casi honestos la culpa de mentir para costear la educación de un hijo honesto?, ¿con el fuego ardiente para siempre? O qué tal si fueras la primera persona en la historia de la humanidad que nunca cometió un error ni hizo algo malo a los demás, pero no aceptaste a ningún profeta como tu salvador y rechazaste todas las religiones, ¿cenizas infinitas para el almuerzo?

Es un poco contraproducente, contradictorio y arbitrario dar a la gente libertad para aprender y luego, no sólo quitársela de repente, sino aplicar un severo castigo *eterno*. Hagamos una analogía con el beisbol. Imagina que Dios pone al bate a mucha gente. ¿Necesitaría miles de décadas o vidas, antes de que adquieran un sentido de imparcialidad y justicia? ¿Eso estaría muy mal?

¿Qué tal si el alma #19 428 939 045 falló en sus primeras 19 vidas y no fue enviada al castigo eterno? Entonces, en su vigésima vida, su bondad golpea la bola tan lejos que sale del campo, con tal benevolencia y generosidad para todos que altera de forma permanente el curso de la evolución humana llevando a una época dorada de solidaridad y bondad tan grande que ni siquiera es concebible en el presente. ¿Vale la pena? O digamos que tal vez tuvo que hacer *19 millones* de intentos para dar el batazo que hizo tal marca en la historia. Si *el gozo eterno* se extiende más allá de todas las personas y de todos los tiempos (eso sí que es mucho tiempo y una gran cantidad de gozo), ¿no crees que 19 millones de batazos se vuelven poco para pagar tal ganancia? Lo mismo sería con 19 billones, trillones… *dado el inconcebible alcance de la eternidad.*

La hermosa idea de Dios "amando a la humanidad" de forma tan profunda que nos dio la libertad, se reduce a escombros el día en que nos la quitan. Sobre todo si consideras que ese día pudo existir un gran descubrimiento y ya no será así.

Y todavía no planteamos la más grande de todas las preguntas. Esa que en un instante, incluso sólo con la intención de responderla, destruye la idea completa del diablo y el infierno: ¡¿Por qué?!

¿Por qué una inteligencia tan asombrosa se equivocaría con el ejercicio inútil de tener "niños" para probarlos, juzgarlos y sentenciarlos? La idea completa huele a inmadurez, aburrimiento, impaciencia, ira, desprecio, sadismo y fracaso de la época en que fue creada, hace miles de años, en un momento muy oscuro de la historia de la humanidad. Al usar este razonamiento para explicar la vida, ¿piensas en algún punto que puedas conectar con confianza? ¿Hay *alguna razón* de inteligencia divina que te mueva en tal dirección en vez de la dirección que hemos deducido donde todos somos *de* Dios, haciendo nuestro mejor esfuerzo, aprendiendo, creciendo y mejorando, por los siglos de los siglos, en un mundo soñado del que todos regresamos ilesos para más aventuras, agregando a todo lo que es Dios?

Como si Dios, la brillantez que inició todo, que supo cómo colgar cada estrella del cielo nocturno y organizar la energía en materia, no fuera lo bastante inteligente para curar y mejorar a todo aquel que lo necesitara. Como si no fuera lo bastante grande para perdonar sin preguntar. Lo bastante amoroso para abstenerse de exámenes, juicios y sentencias. Lo bastante valiente para aceptar la responsabilidad completa de toda la creación. Y lo bastante grandioso para asegurar un éxito inmaculado. De hecho, el actual sistema en vigor logra todo esto y más. Rehabilita, cura, perdona y ama de forma automática, distribuye la dosis exacta de lo que se le pide en el momento preciso. El problema es que las mentes curiosas no han preguntado lo suficiente, o más bien, han dejado que otras personas lo hagan, personas con agendas y mentes ocupadas.

La verdad como castigo

Ahora imagina —otra vez de modo hipotético— que llamas a tus amigos con un mes de anticipación para ver quién te acompaña a un concierto muy especial. Todos están ocupados o ya tienen compromiso para esa fecha. Entonces te enojas, te amargas y te vuelves resentido, irritable, los empiezas a tratar mal…, sólo para aprender que la razón de su falta de disponibilidad era que… ¡ya te habían planeado una fiesta sorpresa ese mismo fin de semana! *¡Ouch!*

Imagina que sientes un desprecio y una impaciencia crecientes por un compañero de trabajo que se empezó a enredar en políticas de oficina, sólo para descubrir que la discordia surgió cuando tu compañero quiso defenderte de los comentarios desagradables de los demás. "¡Demonios!"

Imagina que un auto te persigue. Parece un lunático que hasta se pasó un semáforo en rojo para alcanzarte. Cambias de dirección, das volantazos, lo esquivas, maldices, te preocupas y lloras… Al final se encuentran atorados en el tránsito a kilómetros de donde te empezó a seguir. Y después de unos gestos extraños y sonrientes de este conductor no tan loco, bajas el vidrio de tu ventana y descubres que la razón de la persecución era decirte que dejaste tu portafolios abierto sobre el auto. "¡Maldición!"

Imagina elegir una vida para ser guía, luz y mentor de alguien a quien amas mucho. Esta persona tiene menos experiencia que tú. Pero a la mitad de la vida, *sin ser* consciente de tu propósito original, estudias a este personaje inusual del que te has hecho amigo y notas sólo sus fallas. Es desordenado, lento e inaccesible en lo emocional. ¡Piensas que mereces más de tus llamados amigos! Entonces, en vez de guiar, iluminar y aconsejar, lo comparas, menosprecias y criticas hasta perder el contacto con esta persona y renuncias a la oportunidad que una vez deseaste: estar al servicio de alguien a quien amabas muchísimo. "¡Estoy tan avergonzado y arrepentido! ¡Perdón!"

Imagina haber vivido en un mundo de amor, donde el sol brillaba todos los días, los animales jugaban felices y cada hombre mujer y niño estaban motivados por la bondad, el amor y el servicio, donde las oportunidades nunca dejaban de tocar a tu puerta. Siempre estabas en el lugar y momento correcto, y todo el mundo daba lo mejor de sí en lo que hacía. Ahí tus pensamientos se volvían cosas, los sueños te daban alas y todos eran empujados a la grandeza de cada día de sus vidas, pero a pesar de todo esto, era una época primitiva: las masas, incluyéndote, no se dieron cuenta de lo que tenían. Estabas más preocupado por los dramas familiares, por los amigos y enemigos que te permitieron, incluso te alentaron a, fijarte en lo que estaba mal, lo que no funcionaba y lo que no tenías. Estas personas te dijeron (a pesar de la evidencia en contra) que había un Dios enojado, que la gente era miserable y la vida injusta; que al éxito no le importaba lo que conoces, sino a quien conoces… ¿Te suena? Sí, la Tierra en la actualidad. "¿Otra oportunidad?"

Cada experiencia de vida queda dentro de ti para siempre, no guardada en tu cerebro, sino más allá de tu cuerpo físico, como parte de tu esencia. Y será presentada otra vez en una revisión final de vida, en la fiesta posterior a tu regreso a casa, después de tu transición.

> La eternidad promete mucho como para detenerse un momento, mirar atrás y reflexionar con arrepentimiento.

En esa revisión, te invitan a ver y entender no sólo los motivos y razones que guiaron tus elecciones, sino las repercusiones que tuvieron en los demás. Celebras tus triunfos y perseverancia, en especial los que ayudaron a otros, y otra vez sufres por tus confusiones y malentendidos, sobre todo cuando lastimaron a los demás. Esto último es lo más cercano que estarás al concepto de infierno, aunque no es impuesto, ni hay un diablo implicado. El único juicio viene de ti mismo porque sólo tú te conoces muy bien. Así que aprendes y después sigues adelante, más cerca de la verdad en todas las cosas, más sabio, amoroso y mejor de lo que estabas antes, listo para la grandeza otra vez.

La eternidad promete mucho y la gente sana demasiado rápido como para detenerse un momento, mirar atrás y reflexionar con arrepentimiento para aprender la lección. Deja que la culpa te enseñe, no que te castigue. Y deja que la culpa de los demás haga lo mismo por ellos, no importa qué tan graves fueron sus errores.

¿Qué pasa con las "víctimas"?

¿Y qué con los "grandes problemas"? Por ejemplo, los niños asesinados, los adolescentes violados o el padre que muere por defender a su familia.

Ojalá cada respuesta pudiera ser un pequeño regalo de sonido vocal. Las envolveríamos y se las daríamos a quienes las necesitan. Estas contestaciones-regalo le darían a cada uno claridad y confianza y los llenaría de amor. Bueno, no se puede. Pero esto no significa que las respuestas específicas y significativas no existan *en cada caso.* Sin embargo, para encontrarlas, necesitas una visión mucho más amplia de la realidad y de la vida en las junglas que incluyen el conocimiento de tu naturaleza divina y eterna, así como las motivaciones que tal vez existen detrás de tus elecciones de encarnación. En este libro todavía faltan muchas cosas que te quieren decir los muertos, pero mientras tanto, por favor, piensa en las siguientes preguntas que ya tienen respuesta:

1. ¿Ya dedujimos que todo es Dios? ¿De Dios, por Dios, puro Dios? ¿Estudiamos para creadores? ¿Todavía tenemos la eternidad delante de nosotros?

2. ¿Ya vimos que la vida dentro de las junglas es ilusoria? ¿Que nada es lo que parece? ¿Esta dimensión es sólo para visitarla de modo temporal, aprender lecciones y tener aventuras?

3. ¿Algo que pasa en *las ilusiones* puede restarle valor a su fuente? ¿Hacer caras de monstruo en un espejo te convierte en un monstruo? ¿Cualquier cosa hecha en un espejismo puede quitarle importancia al desierto?

4. ¿Ya aceptamos, de forma intuitiva, que *cada* sombra oscura tiene un lado positivo y que cuando no lo ves es porque tienes más que aprender, no porque no esté ahí?

Estas preguntas no justifican ni compensan las horribles violaciones que ocurren en el tiempo y el espacio. Sólo ofrecen un contexto más grande para tu consideración. Después hablaré de esto para aclarar mejor el delicado tema. Por ahora, intento ayudarte para que empieces a ver más allá de lo que te permiten tus ojos.

SANACIÓN DEL CÁNCER

El cáncer, por ejemplo, daña el cuerpo físico. Pero en vez de explorarlo con un microscopio, retrocede y considéralo como una *experiencia* que se vive durante meses o años. En muchos casos, le permite a la "víctima" descubrir su poder, apreciar la vida o reconciliar relaciones dañadas. De repente, el cáncer se puede ver con un enfoque diferente: como una aventura para *la sanación* del cuerpo, la mente y el espíritu de alguien. Con un cambio de perspectiva, se revela un regalo que es invisible a cualquier microscopio.

Y aunque hay muchas situaciones horribles en el mundo como para expresarlas en palabras, aun así podemos distinguir que en algún nivel más grande *son* razones. Un proceso se desarrolla con un comienzo, una parte intermedia y un final. Hay un orden. Y entonces, aunque sea invisible o imposible de imaginar en ese momento o en toda la vida, también debe haber curación y amor. ¿Cuál sería la alternativa? ¿Qué? ¿La inteligencia divina se equivocó? ¿Es pura suerte? ¿En esta fortaleza planetaria de orden, balance y perfección las cosas pasan sin sentido ni propósito?

Nada justifica lo feo en el tiempo y el espacio. Pero al sentir que hay razones y ritmos, aunque todavía no las conozcas, puedes pasar más tiempo entendiendo tus creaciones, viviendo el presente y moldeando tu futuro, en vez de desperdiciar tu poder al preocuparte por el pasado. Y en esta luz, *y sólo desde esta perspectiva,* las cosas malas no pasan en el tiempo y el espacio. Todo se suma y hace más grandiosa la totalidad.

¿QUÉ HAY DEL KARMA?

¿Qué *crees* que significa "karma"? Funciona igual que la palabra "Dios".

En esencia, es como una *ley absoluta* o un sistema de puntos... Pero no existen tales cosas. Si las hubiera, interferirían en el único principio que gobierna todas las manifestaciones: los pensamientos se vuelven cosas. Si el karma fuera absoluto... por ejemplo: "si mientes, debes ser engañado", ¿cómo te podrían engañar si antes tú no has creado las circunstancias para permitirlo? (¿Qué pasa si, después de *mentir,* entiendes la estupidez que hiciste y de inmediato empiezas a vivir a un "nivel más alto", sólo con pensamientos pacíficos, honestos y felices? Si por alguna ley kármica tuvieras que ser engañado, ¡esto rompería con el PVC! No debe pasar.) *Nadie está limitado por el karma.* Cambia tus pensamientos y te liberarás de cualquier "ciclo".

Aunque, en efecto, como la visión del mundo de las personas cambia de manera muy lenta (rara vez moviéndose de modo espontáneo de mentirosos a santos) a menudo *parece* que viven en un mundo de ojo-por-ojo donde su comportamiento pasado pronostica lo que experimentarán en el futuro. De ahí el refrán: "El que al cielo escupe, en la cara le cae." Por lo que es justo notar que el karma sí aparece en nuestras vidas, aunque más como un fenómeno que como una ley.

Nadie está limitado por el karma.

Los que, de manera comprensible, desean que sus torturadores un día experimenten el dolor que ellos sufrieron, no teman. Las mecánicas naturales de la evolución espiritual y el deseo de lo divino por no dejar ninguna piedra sin mover hacia el conocimiento de todas las cosas, son grandiosos. Así que, nadie puede entender su poder de verdad, si no lo experimenta por completo desde la perspectiva de aquellos a quienes alguna vez afectó, incluyendo a sus "víctimas". Y como aprender tu poder completo es un componente deseado en cada ciclo de encarnación, conocerán tu dolor en carne viva, como tú lo hiciste (ya sea a través del "karma" o de una empatía autocultivada derivada del verdadero entendimiento y la reflexión).

SER DE ESPÍRITU
La religión necesita espiritualidad.

La espiritualidad no necesita religión.

El hombre creó la religión. Es elitista y está basada en el tiempo y la ilusión. Obvio, su origen era noble, como la verdad del Dios/ Hombre. Fue un buen intento de explicar lo difícil-de-explicar. Reconoció que hay más por vivir que aquello que los sentidos físicos perciben y más por investigar que aquello que los instrumentos detectan. Pero, conforme evolucionó, la religión sacó conclusiones más generales y desviadas, casi siempre hechas por individuos que querían mostrar que estaban más cerca de Dios que los demás (lo cual, como mencionamos antes, se hace al conectar más puntos que los demás). Y las masas, amenazadas, humilladas y demasiado agobiadas por sobrevivir, cedieron a su poder.

Con el tiempo, la religión constituyó puntos donde nunca habían existido. Y de tales conexiones los hombres fabricaron leyes, reglas, rituales, jerarquías, sanciones, derechos y privilegios, todo para los creyentes (a menos que fueran malos). También bloquearon el acceso completo para los no creyentes (incluso si eran "buenos"). Sólo había dos opciones: pertenecías o no. Serías salvado o no. Y casi cualquier cosa era hecha en nombre de la religión, incluyendo mentir, morir y matar.

Por otra parte, la espiritualidad es más un conocimiento que una explicación. "En Dios confío" es un sentimiento, conecta de modo intencional los menos puntos posibles. Es eterno, no necesita ilusiones e incluye a todos. Además, de manera típica, coloca a Dios dentro de la "humanidad" (y todas las cosas relacionadas) en vez de apartarla de Él.

> La única forma de regresar a casa es por el camino que llegaste.

Todos los *seres espirituales* tienen la capacidad de captar la locura o estupidez de sus caminos y el dolor innecesario infligido a otros. Hacerlo es una parte ineludible de tu paso por las junglas. Tal vez no sea un pasaje tan rápido como el que les hubiera gustado a los agredidos, tal vez ni siquiera sufriste un ataque a tu persona, pero no hay escapatoria del alcance de tu inteligencia divina, poder y responsabilidades. La única forma de regresar a casa es por el camino que llegaste.

Y todos los *seres de espíritu*, de amor, de Dios, tenemos la habilidad de saber en lo más profundo de nuestro corazón que no existe esa cosa llamada diablo o infierno.

Carta de un ser querido que murió

Querida mamá:

Perdóname. De verdad lo siento mucho. Sólo pensé en mí y en nadie más. Quería tener una posición, ser un hombre y mostrarle al mundo que estaba molestando a la persona incorrecta. También quería lastimarte y a todos los que se preocupaban por mí porque sentía que su atención y amor fue lo que me hizo cobarde y débil. Te culpé entonces, sin saber lo que ahora sé.

Cuando apreté el gatillo esperé que al disparo siguiera el silencio, la oscuridad y, por último, la paz. En vez de eso, al principio hay un caos total. Sonidos fuertes, zumbidos, ruidos como de máquinas y luego una luz intensa, un silbido; todo se movía, volaba y al final mi visión borrosa y mi mente confusa dejaron pasar algo de forma muy gentil: ¡rostros y voces cálidos de bienvenida! Pensé que era un sueño o algún estado raro y alterado. Sentí mucho amor y me hizo pensar en ti. Era tan hermoso. Estaba tan feliz. Ni siquiera sabía que había muerto, de hecho, pensé: "¡Dios, estoy tan feliz de no haberme ido!" Pero sí lo había hecho.

¡En un instante entendí tanto! Cosas para las que no hay palabras. Y todo tenía sentido. ¡Era tan obvio, perfecto y preciso! Supe por qué había escogido ser yo, cómo todos estuvimos de acuerdo en ser la familia que éramos. Vi nuestras conexiones anteriores, las fortalezas y los temperamentos que escogimos y cómo todos sabíamos de los futuros probables que estas elecciones podían crear. Vi que ya conocíamos las direcciones que tomaríamos, de manera individual y familiar, las oportunidades que generaríamos, los retos y las alegrías que enfrentaríamos. Nada fue predeterminado.

El destino no actúa sobre la vida. Aunque parece que todos los resultados posibles se conocieran de antemano… Por resultados me refiero a sentimientos y emociones (como felicidad, tristeza, paz, resistencia, creatividad, re-flexión y más), pero no en cómo llegaríamos a ellos o lo que pasaría. Ahí estaban las variables. Los "cómo". Por primera vez en mi "vida" (sí, todavía sigo vivo) *entendí* el infinito. Vi cómo cada decisión que tomé generó tangentes, posibilidades (que traían desviaciones inesperadas en el camino) y más decisiones, más tangentes..., y posibilidades.

Entonces me mostraron de qué otras maneras podría haber lidiado con el dolor y la soledad de esa vida que corté. Las perspectivas que no capté, los conocimientos que no obtuve, las decisiones que no tomé, los pasos que no di. Vi cómo mis retos complementaban los tuyos y cómo nos ayudábamos uno a otro mucho más de lo que pensábamos. Mamá, por favor, perdónate. Te lo ruego. Fue mi vida y mi decisión.

Es mucho más doloroso ver cómo has sufrido y las oportunidades que *dejé* escapar en mi vida... que el disparo. Nunca supe lo cerca que estaba, lo rápido que las cosas pueden mejorar o cuánta "magia" tenía. No pensé que importara y no sabía lo mucho que mi decisión lastimaría a los demás. ¡Estaba tan equivocado!

¡Cuánto quisiera enmendar lo que hice!, aunque me reconforta todo lo que siento aquí, lo suficiente como para planear mi regreso con emoción; tendré otra oportunidad y otra después de ésa. Todos tenemos las que queramos o necesitemos. También me han enseñado que tú, mamá, debes acabar con tu sufrimiento, que la decisión de padecer es sólo tuya y que terminará cuando tú lo decidas. Esta desviación en el camino de tu vida es un regalo que siempre supimos se sucedería con la decisión que tomé. Sabías (todos lo sabíamos) que tal vez me suicidaría. Estabas consciente de que no sería fácil, pero esto te hará ver las cosas tan claras como las describo ahora. Y estuvimos de acuerdo en arriesgarnos para tener otra vida juntos.

Estábamos conscientes de que valdría la pena el dolor que podíamos sufrir.

Como me amaste mucho, fui capaz de las decisiones que tomé, incluyendo la última, y también pude aprender tanto como lo hice. No hay palabras suficientes para agradecerte tu amor, todo para mi crecimiento y gloria. Pero ya no tienes que preocuparte por mí. Estoy bien. Me recibieron muy amorosos en "casa". Me adoran. Todos nos queremos. Tú también. Todas las vidas compartidas conmigo ahora están en mi corazón.

Mamá, todavía tenemos una eternidad. Y nos esperan más aventuras de las que puedo imaginar, incluso estando aquí.

Respira, descansa, sueña. Lo has hecho muy bien. Es tiempo de ser feliz otra vez.

Te quiero mucho.

Tu orgulloso hijo

FUNCIONA

No estás vivo para ser examinado, juzgado y sentenciado. Estás vivo para vivir y aprender en espirales infinitas de amor. Todo sirve a un objetivivo más grande. Cada decisión en vida se vuelve el núcleo del material de estudio para tu fabuloso crecimiento y gloria (tanto en este momento como en la manera en que mueres, lo cual es justo lo que los muertos quieren decirte en el siguiente capítulo).

Capítulo 3

Ya estábamos listos

Cuando una oruga se convierte en mariposa, un gorrión sale del nido o un niño respira por primera vez, ocurren tres cosas:

1. Hay alivio.
2. Hay felicidad.
3. Hay expansión.

Estas tres maravillas o premios surgen de un sufrimiento físico prolongado. Es bastante obvio que no se puede revertir y, además, nadie quiere hacerlo. Lo mismo sucede para la más sublime de todas las transiciones: el pasar del estado físico al no físico, la llamada *muerte*. Y mientras muchas historias de "experiencias cercanas a la muerte" son completamente ciertas, sólo involucran a aventureros de la vida que se encontraron a sí mismos en la inusual posición de tener la opción de un regreso inmediato a la "vida" *en la última forma que tenían*. Pero muchas veces, la oportunidad transicional, accidental, rara o forzada, aparece sin duda porque esos "aventureros de la vida" ya estaban listos para irse.

En este capítulo nos enfocaremos en las tres áreas principales de investigación: por qué estás aquí, cuándo estás listo para irte y una profunda mirada a los mecanismos de cambio (cómo tus pensamientos se vuelven cosas). Todas reafirman que los muertos sabían lo que estaban haciendo y aseguran que, por ahora, todavía *no* es tu tiempo.

LA ESCUELA DE LA VIDA

La aventura de la vida es como la escuela. Entre más aprendes, más te diviertes. Y viceversa, entre más diversión tienes, más puedes aprender.

Una vida en la jungla puede verse como dos cosas: un curso elegido o parte de un currículo. Sólo es necesaria porque ahora te estás moviendo a través de un proceso que escogiste con anterioridad. Este proceso está hecho de cualquier número de encarnaciones y cada una ofrece diferentes experiencias, por lo general medidas de manera emocional. Tus ilusiones (o tu creencia en ellas) forman tus emociones. Todas las emociones nacen de las ilusiones y son desconocidas y misteriosas sin éstas. Pondré esto en perspectiva: sin ti, Dios (si quieres llamarlo así) no sabría qué se siente estar feliz o triste, estar enojado o molesto, deprimido o solo, impresionado o aburrido, sólo por nombrar algunos casos. ¿Lo ves? Tú eres un pequeño fragmento que se presenta entre las manifestaciones de Dios. ¿Para qué? Para deleitarte dentro de ellas, decidir lo que te gusta o molesta, y aprender cómo formar estas ilusiones, cambiarlas y moverlas de distintas maneras. Sin ti y tu amnesia, no se podría descubrir o explorar nada de esto. Por ello, cada propósito de la vida simplemente es *ser*. Es decir, experimentar tus elecciones a través de los sentimientos. Cuando eres un alma joven (sin experiencia), esto siempre te incomodará porque, con frecuencia, tus emociones te pueden herir y paralizar, *hasta* que empieces a entender que tú eres su origen y, por lo tanto, su amo.

Al hacer tu elección, ya se esperaba y consideraba la inconformidad inicial de tu curva de aprendizaje, venía incluida en el "paquete". Esto significa que todo está bien y estás exactamente donde debes estar, donde elegiste estar, *no* significa que algo está mal contigo. La inconformidad de hoy no representa que "la vida es difícil" o que siempre estarás a disgusto. No estás destinado a soportar lo desagradable, sino a cambiarlo. Por eso lo sientes. Cada sacudida de dolor y malestar te invita a despertar, te empuja a buscar verdades más grandes que revelarán una realidad mayor y un tú más magnífico, incluso te acerca al conocimiento de tu verdadero lugar dentro de la creación de la realidad (como un Creador).

> No estás destinado a soportar lo desagradable, sino a cambiarlo.

CONTROVERSIA ENTRE EVOLUCIÓN Y CREACIÓN

Si hay una inteligencia en el universo que es la base del sol, la luna y las estrellas, es obvio que hablamos de creacionismo. ¡Por favor! Si sólo hubiera evolución y los hombres vinieron del mono, ¿por qué siguen existiendo monos? Además, una visión del mundo sólo evolutiva significaría que toda la vida brotó de la amiba (margaritas, insectos, ranas, jirafas… ¡y tú!). Pero no hay ningún resto óseo que muestre la evolución gradual de una amiba a cada una de las especies actuales. Los fósiles de esqueletos evolutivos sólo muestran *pequeñas* mutaciones de estructura, no las mutaciones completas de amiba-a-elefante. Incluso se supone que todas las especies evolucionadas progresaron acomodándose en las cadenas alimenticias dentro de cada ecosistema ¿Y todavía se complementan y perpetúan a sí mismas? ¡Qué historia! Además, ¿por qué todavía hay amibas?

De igual manera es obvio, cuando miras los utensilios físicos y restos óseos que hay en el mundo, que la evolución de cada especie *también* existe como una herramienta para refinar y mejorar. La creación llegó primero y la evolución después. *Las dos están en acción en cada momento,* así como las ilusiones se crean, recrean y proyectan al espacio de modo constante. El espejismo en un desierto es lo mismo, es una aparición activa y en movimiento que depende del desierto (su origen en cada momento de su existencia). También en tus junglas, las apariciones de tiempo, espacio y materia adquieren propiedades y siguen leyes físicas de adicionales, aumentando con ello su credibilidad como una realidad independiente de ti (incluso hay momentos en que su credibilidad es necesaria).

Además, los *quarks*, las moléculas y las células que constituyen tus apariciones son más que una confusión reflexiva, son *de* Dios, *puro* Dios, chispas de la inteligencia de Dios, no con personalidades, pero dotadas de rasgos, características y atributos. Forman todos los objetos físicos. Trabajan de manera colectiva, están *codificadas* para integrar un todo, dentro de cada organismo vivo, por ejemplo, una hormiga, un árbol o un planeta. El todo, a su vez, se codifica para sumarse a algo más grande. Sin embargo, a diferencia de una computadora, aquí cada componente está "vivo" y dotado con una marca única de intención y propósito, igual que la increíble y enorme creación que ayudan a constituir. Esto significa que todas las células de un mono trabajan independientes unas de otras, aunque con la misma intención: crear un simio. El animal, aunque no es consciente de sus células, tiene su propia conciencia, rasgos, características, intensiones y propósitos. Igual que su manada, especie, hábitat, planeta. Todos van encajando unos dentro de otros, como las muñecas rusas. Cada creación se vuelve la suma de sus partes y depende por completo de ellas.

Por eso, Dios proyecta, apoya y mantiene tus apariciones, y al mismo tiempo se vuelve "vivo" a través de ellas como algo aún más grande, en una sinfonía de creatividad. Y la cereza del pastel eres tú. La humanidad y las otras especies en el universo no sólo están vivas, sino que son cocreadoras de las experiencias compartidas que posibilitan las privadas o particulares. Estas experiencias sólo limitan los parámetros básicos acordados hace mucho tiempo por la colectividad (por ejemplo, la gravedad, el comportamiento molecular y las frecuencias vibracionales). Éstas te *permiten* jugar de modo real en tus junglas, mientras que de manera virtual todo lo demás permanece ilimitado.

Mantener la perspectiva

El creacionismo contra el evolucionismo no es una propuesta de dos opciones. Si hablamos desde lo espiritual, la evolución humana, desde la amnesia total hasta la iluminación, es un "objetivo" y progresa de modo agradable. Pero abarcar la distancia que pretendes significa empezar como un "niño", solo, asustado y en la "oscuridad" emocional y física, creando y destruyendo accidentalmente hasta conocer tu poder y aprender a usarlo. Esta primera parte de la curva de aprendizaje se mueve por las desilusiones y los sufrimientos, aunque la sabiduría adquirida más tarde hace posible todo lo magnífico y reconfortante, lo que culmina con tu propia iluminación. El *tiempo y espacio* son *tu* universidad, te llenan de aprendizaje en el sentido ideal: alivio, felicidad y expansión; aventura y descubrimiento; amigos y risas; salud y armonía. Tu vida actual no es más que un curso. Un curso maravilloso en sí mismo y que hará que tus futuras encarnaciones sean cada vez mejores. Aunque a veces puede ser muy confuso y desagradable, tales sentimientos no significan que esta vida no fuera escogida, que no esté sirviendo a sueños y necesidades invaluables o que no tengas mucho que apreciar y disfrutar.

Ahora, reflexiona sobre la vida típica de hoy, al principio de la aventura de tu civilización, fuera de contexto, sin tener idea de para dónde va todo, sin ver que tu vida y tu generación conseguirán muchas cosas para las generaciones futuras, por ejemplo: armonía, esplendor, cooperación, salud, descubrimientos y logros. Una vez examinado eso, concluirás que para muchos *¡la vida en las junglas no vale la pena!* Pero tal prematura conclusión sería como detener *El mago de Oz* cuando Dorita descubre que el hombre de hojalata piensa que su vida es fallida y las oportunidades parecen perdidas.

Suicidios

Cada vida se escoge por muchas razones. Hiciste una profunda y grandiosa elección para enrolarte en una serie de encarnaciones dentro de las junglas. Al terminar una vida —en el sentido físico—, en realidad no termina, no puede terminar, sigue la elección más grandiosa del aprendizaje de la encarnación.

Las almas jóvenes (no las confundas con *personas* jóvenes) escogen suicidios físicos para descubrir lo anterior. Pero, aunque sí pueden terminar el "curso" al concluir su vida física, muy rápido descubren que siguen en el "campus". Es como si estuvieran vivos, igualitos, sólo que en una versión de las ilusiones posterior a la muerte (la cual ahora es mucho más elástica pero muy complicada). Otra vez: no hay camino de regreso salvo por el que llegaste. Todas las mentiras se aclaran, entienden y superan. Los que mueren y completan sus encarnaciones de modo natural, de inmediato se vuelven conscientes de los estudios profundos y las emocionantes aventuras. En cambio, los suicidas deben "repetir el curso" a través de una encarnación nueva para enfrentar lo que están tratando de evitar. Esto se guarda con el plan *que eligieron;* así lo quisieron desde el cenit de su luminosidad cuando escogieron mundos y dimensiones entre una cantidad infinita de posibilidades.

Por eso los suicidas nunca logran su objetivo de evadir los problemas, salvo excepciones, como en dolores severos, agudos y crónicos, enfermedades extremas y otras situaciones similares. Aunque estas situaciones no les tocaron por casualidad, y parte de su regalo tal vez sea enfrentarlas, no evadirlas. En el mejor de los casos, las enfermedades que conducen al suicidio son pospuestas de manera temporal, pero al costo de promesas rotas, sobrevivientes destrozados, oportunidades perdidas… esto es, en forma de retos que no se lograron.

CUANDO NO ES MOMENTO DE MORIR

Imagina las junglas como un enorme parque temático: *Las junglas del tiempo y el espacio*. Dentro hay diferentes zonas, cada una con su propio tema. Hay atracciones y espectáculos de miedo, exóticos, emocionantes, divertidos, románticos, educativos, simples, tranquilos, rápidos, etcétera. Cada "atracción" de las miles y miles para escoger la personalizas en el camino y la compartes con otros que buscan aventuras similares. Por lo general, cada atracción dura desde unos momentos hasta 100 años, y contiene innumerables bifurcaciones en el camino, decisiones que tomar, sueños para escoger, lecciones que aprender y amor, mucho amor.

¿Qué tal? ¿Captas la idea? ¿Vamos bien? El parque temático es como un planeta. Cada zona es una época, país, cultura o mentalidad diferente. ¡Todas para escoger! Con el tiempo, tal vez te decidas por muchas atracciones (vidas) dentro de todas ellas.

La elección de entrar al parque es enorme. Gigantesca. Sólo se toma después de un estudio y una preparación exhaustivos, y suele estar rodeada y apoyada por tus mejores amigos, aconsejada por los guías más sabios, con la clara intención de experimentar todo lo que la atracción ofrece. No tienes que ir, muchos nunca lo hacen. Pero si te avientas, que sea por el premio mayor.

Luego de "entrar", seguirán miles de pequeñas decisiones, y cada una generará sus propias diversiones y aprendizajes. Cuando se combinan, logran el objetivo general de cuestionar tus creencias. La decisión de ir por el premio mayor está influida por el tiempo y el espacio "exteriores". *Desde esa perspectiva,* entras y sales de las junglas de manera simultánea. No hay nada. Y de repente, ¡pum! En un abrir y cerrar de ojos has vivido miles y miles de vidas y todavía hay más. Mientras no *aprendas de verdad* que tiempo y espacio sólo son ilusiones, seguirás teniendo la perspectiva de que la conciencia se define por (y depende de) ellos. Esto sólo lo puedes aprender al vivir *en* y ganar maestría *sobre* ellos (tiempo y espacio), al grado de ser feliz.

Para ejemplificarlo, imagina lo siguiente: uno de tus *minimí* tiene un mal día, o digamos, años llenos de malos días y quiere parar el juego, rendirse, tirar la toalla: "¡Alto! ¡Odio mi vida! ¡Me chocan estas junglas! ¡Fueron una estúpida idea! ¡Quiero morir!" Entonces, de manera hipotética, a través del suicidio, detienes tu aventura en la atracción de la "Mala montaña rusa". Pero de repente te encuentras parado en la fila de dicha atracción con más gente que quiere intentarlo y otros que se bajan. Aunque "pares" *tu* juego, éste continúa sin ti. Además, todavía no has evolucionado lo suficiente para moverte de ahí. Ni lo harás, porque tal evolución *requiere subirse al juego,* lo cual fue parte de tu asombrosa y enorme decisión inicial.

Entonces, ¿ahora qué? Con guías amorosos (asesores, consejeros, mentores, maestros, etcétera) y entrenamientos para darle muchas vueltas al juego, decides subirte otra vez al mismo o a uno muy parecido. Así aprendes tu camino a través de la confusión que creaste.

EL TIEMPO PARA MORIR

Una vida termina de manera natural cuando el aventurero cumple el objetivo por el que vino o cuando ya no puede lograrlo y no hay otras metas alcanzables. Pero casi nunca eres consciente de cuándo se presentan estos criterios, y si dices que ya estás listo, significa que no lo estás: "Ya tengo lo que vine a buscar, no hay necesidad de quedarme, se han ido todos mis seres queridos y estoy rodeado de idiotas." Tales comentarios revelan que te queda mucho por aprender.

Cuando una vida termina de modo natural, la "decisión" (otra vez: no consciente) depende de las probabilidades: las posibles trayectorias de todas las vidas afectadas por la transición y lo que ganarían si te vas o te quedas. También es relevante incluir las trayectorias probables de aquellos en la comunidad, estado y mundo que se verían afectados (en especial los líderes mundiales o los que influyen en el planeta).

> Conforme tu vida se desarrolla momento a momento, también lo hacen tus futuros probables y las oportunidades de lograr lo que pretendes.

Todas las cosas son posibles y nada está predeterminado o predestinado. Entonces, para entender "probables" piensa que existe un rango mucho más pequeño de futuros posibles, individuales y colectivos. Éstos representan lo que *probablemente* pasará después, basándose en la evolución de los pensamientos de todos, las creencias y las expectativas que preparan ese momento. Entre más grande sea el sentimiento de anticipación e inevitable el futuro que conllevan los involucrados, más grandes son las oportunidades de experimentar la muerte. Reina el libre albedrío, pero, por lógica, los individuos deben operar dentro del rango masivo de posibilidades del colectivo.

Dentro de este rango están las probabilidades de cada individuo. Por eso, las opciones de un individuo pueden estar limitadas por las del grupo, *aunque*:

1. Si un individuo tiene una visión lo suficientemente grande, a veces puede cambiar la del grupo.
2. No importan las limitaciones que imponga el colectivo, las decisiones individuales y las posibilidades de encontrar felicidad y plenitud siguen siendo *infinitas.*
3. Todos los individuos conocen muy bien al grupo del que escogieron ser parte. Por eso sólo escogen "acompañar" (nacer en los mismos tiempos que los otros integrantes) cuando hay *razones muy convincentes* para hacerlo, a pesar de cualquier limitación.

Las oportunidades que existen, dadas las probabilidades creadas por los padres y el momento del nacimiento, así como las posibilidades del colectivo más grande, conducen a la elección de una vida. Conforme tu vida se desarrolla momento a momento, también tus futuros probables y las oportunidades de lograr lo que pretendes. Es natural que conforme creces, también lo hacen tus ambiciones. Surgen nuevos objetivos a medida que logras los viejos. Y estas trayectorias probables también se consideran antes de escoger una vida.

En algunas vidas se logra mucho más de lo planeado. En otras, las probabilidades importantes desaparecen de repente debido a los cambios en el colectivo (local o general) o dentro de la mente del dueño de la vida. El momento para morir lo determinan el estado de dichas probabilidades, el presente y qué tan cerca o lejos estás de lograr los objetivos planeados.

La creación de tu mundo

A simple vista la muerte parece cuestión de suerte. Los interesados en la espiritualidad creen que es decretada. Sin embargo, cada perspectiva quita parte de la ecuación y la autodeterminación parece por completo fuera de lugar. Además, el consentimiento, el libre albedrío y la elección existen, ¿son tu trabajo, recuerdas? Por todo eso, las preguntas se transforman y resultan en algo así: ¿Cómo vivir bajo el disfraz de la amnesia y mantener el control al mismo tiempo? ¿Cómo experimentas la oscuridad mientras sostienes la luz? ¿Cómo vivir al máximo mientras decides cuándo es tiempo de "morir"?

Aunque parecen muy apropiadas, el reto con estas preguntas es que están arraigadas en las presunciones creadas por la dicotomía divina: sabes *o* no sabes; hay luz u oscuridad. La vida no puede incluir la muerte (como si morir no fuera un logro en cada vida).

Esta es la cuestión: imagina, como Dios que eres, que quieres olvidar quién eres para descubrirlo de nuevo. ¿Por qué? Porque puedes, porque es divertido o por lo que sea (en realidad, en este momento eso no importa). Recuerda: no conectes demasiados puntos, sólo los menos posible para que las cosas empiecen a tener sentido. Las opciones más simples por lo general son las correctas. Bueno, para olvidar quién eres, necesitas colocarte "fuera" de la creación, aun cuando tú *seas* la creación, y desde allí contemplarte… ¡sin saber que eres tú!

Para lograrlo, de verdad necesitas que tu nueva "casa" sea así:

1. Debe parecer transparente, completa y creíble, independiente de ti. (Aunque no sea cierto. Recuerda: eres tú.)
   El universo físico es inmenso y está conectado por completo con todos los tipos de leyes y propiedades físicas. ¡Listo!
2. Necesita estar vivo, en piloto automático, ser autosuficiente.
   Amibas, océanos vivos, fotosíntesis, placas tectónicas. ¡Listo!

3. Debe incluirte, incluso si piensas, convencido, que debes apartarte de ella.

Cuerpo físico. ¡Listo!

4. Debes mantener alguna conexión profunda, creativa y subyacente con ella para lograr tu objetivo (recuerda que es redescubrir y expandir tu magnificencia).

Las leyes metafísicas de la naturaleza (gobiernan la conexión entre lo visible y lo invisible, y entre el Creador —o sea tú— y tu creación). ¡Listo!

Sigue las leyes metafísicas. Para crear cualquier cosa en el mundo físico primero debe existir en lo invisible, en el pensamiento: *en tus pensamientos.* Entonces, tus pensamientos "se volverán" las cosas, circunstancias y sucesos de tu vida. Como señalé, esto no sucede de manera espontánea sino gradual. De otro modo destrozaría y negaría las leyes físicas que mantienen las cosas trabajando en orden. Es lento y progresivo. La mayoría de las veces en armonía con las leyes físicas.

En vez de manifestaciones espontáneas, como la repentina aparición de una moneda de oro en tu mano, atraes una que existe en alguna parte. Una moneda que será colocada en tu mano por un vendedor, cliente, conocido, benefactor, heredero, hijo, padre, pareja o amigo, quien esté más disponible, teniendo en cuenta tu vida (con probabilidades y trayectorias) y la suya. Desear una moneda de oro y sostener su imagen en tu mente pone en marcha una sinfonía de acontecimientos que incluye a varias personas. Genera una coreografía de alucinante precisión que sólo puede ser apreciada o vista *después del hecho,* es decir, después de que el proceso que la atrajo a ti se complete. Ésta es la *ley de la atracción.*

CÓMO LOS PENSAMIENTOS SE VUELVEN COSAS

"Tú", Dios, pusiste en marcha un proceso para tener un auto-descubrimiento dramático y emocional. Éste mantiene intacta la credibilidad de tu realidad mientras transforma todo en un espejo, al que alimentas de forma energética. En él se te revela cada momento de tu vida, la cual es una proyección que sigue leyes para lograr tus propósitos.

Aunque todo esto puede ser agobiante al principio, ¿no te parece que tiene más sentido que la idea de "Dios trabaja de maneras misteriosas"? Claro que la logística es incomprensible para el pequeño cerebro humano. Realizar tal coreografía significa que todos los sucesos y circunstancias del planeta deben organizarse detrás del telón del tiempo y el espacio, en lo invisible, y al mismo tiempo considerar todos los pensamientos, objetivos y deseos de más de siete mil millones de personas. Se canalizan a una línea del tiempo donde cada persona obtiene el equivalente más cercano a lo que habían estado sintiendo, lo hacen "real". Y al revelarse cada segundo de cada día... ¡los números se vuelven a calcular!

No puedes sacarte todo esto de la manga.

Tampoco acercarte mucho para comprender intelectualmente la verdadera mecánica de la manifestación. Pero *puedes* darte cuenta de la evidencia en tu vida al ver el misterioso parecido entre tu visión del mundo y lo que ocurre de manera física, poniendo especial atención a qué ocurre primero. Es igual que con la televisión: a lo mejor no sabes cómo funciona o qué pasa cuando aprietas el botón del control remoto, pero sí que funciona y que tú das las órdenes para cambiar de canal.

Cuando sostienes una visión con el pensamiento (tangible o intangible) las circunstancias se alinean de modo gradual, los actores y compañeros se acercan o alejan, y esto atrae tu experiencia *¡como por arte de magia!* Excepto que es por ley universal, así es como los pensamientos se vuelven cosas.

La confluencia de todo esto (todo lo que piensas, crees y esperas) forma tu vida y *muerte*. Igual que una moneda de oro puede estar en tu horizonte, puedes hacer todo lo demás que te obsesiona, incluyendo nuevas relaciones, promociones, traslados, aventuras y más. Algunos aparecerán más rápido que otros, algunos nunca lo harán y habrá sorpresas cuya logística y coreografía es demasiado complicada para que la siga la mente humana, pero no para la mente divina.

Por lo tanto, así como *sabes de forma inmortal* el momento en que aparece tu soñada moneda de oro, lo mismo pasa con la muerte. Aunque cuando ésta llega (no importa cómo) no es al azar, sino creada por el que mueve todo. Sucederá cuando ya estás listo, en el momento correcto, y la coreografía será dirigida de forma divina.

SOBREVIVIENTES

Claro que todos estos giros, atracciones y manifestaciones toman en cuenta a los sobrevivientes: seres queridos y testigos. Obvio, no eligieron el camino de forma consciente, pero cualquiera que experimente la pérdida de un ser querido también debe estar listo de manera similar. No hay accidentes. Hay que verlo como la probabilidad de que valdrá la pena todo lo demás que surgió de la relación. Es mejor haber amado y "perdido" que nunca haber amado, sobre todo porque en realidad nada se pierde. La muerte del ser querido no estaba escrita en piedra, pero existía dentro del rango de probabilidades. Seguro dolió horriblemente y estuvo entre los últimos resultados deseados para los afligidos, aunque ellos también *estaban* listos para:

• Vivir la vida en nuevos términos.
• Subir las expectativas sobre nuestra comprensión de los "misterios" de la vida.

- Ver a través de las ilusiones.
- Saber que la vida es bella, ordenada y está llena de amor.

Pensar que la muerte de un ser querido es triste, inoportuna, una desgracia o un accidente, es perdernos el regalo y seguir en la oscuridad. Niega la perfección y el orden que, de otro modo, son tan obvios en cada vida, incluyendo su final.

Carta de un ser querido que murió

¡Hola, papá!
Soy Kaley. ¡¡Estoy bien!! Aquí ando. ¡¡Te amo!!

Perdón por lo de tu auto [entra emoticón de carita triste]. Sé que me extrañas más a mí que a él, pero de todos modos estuvo feo lo del tren… ¡Jajajaja!

¿Recuerdas que siempre decías que todo pasa por una razón? Bueno, no puedo explicar lo del tren, pero sí puedo explicar… esto… yo… aquí.

Encontré lo que buscaba, saber que me aman tal como soy, que nunca necesité justificar mi existencia. Tú me diste eso… Mamá necesitó el conocimiento básico que sólo la pérdida puede dar… y tú… si no hubiera muerto, la tendrías.

Sé que habrías intercambiado el lugar conmigo, pero así no funciona. No se obtendría nada.

¿Has estado rezando, verdad? Mucho, todos los días.

Antes nunca lo hacías. Una vez hasta dijiste que Dios era una "ilusión".

¡Pues se escucharon tus plegarias! ¿O qué? ¿No estás leyendo esto?

Papá, estás "despertando" a ideas nuevas que no habías considerado hasta ahora… hasta que morí. Por lo que a ti respecta, no te importaban. Hiciste que yo fuera lo único que te importaba en la vida y dejaste de vivir tu propia vida. Ahora, por el dolor, estás buscando una prueba de que sobreviví porque la otra alternativa (el que haya desaparecido para siempre) duele demasiado. Mi muerte hizo esto para ti. Ahora hablas con Dios.

¡Escucha! ¡Dios te responde!

Conforme se amplíe tu pensamiento, entenderás que mi muerte no sólo fue para ti o para mamá, sino para mí. Verás que obtuve lo que buscaba, incluso más, gracias a lo mucho que me amaban. Descubrirás que en realidad no morí. Que estoy bien, feliz, no hubo errores. No preguntes, ni siquiera trates de comprender. A su debido tiempo tendrá sentido para ti, como lo tuvo para mí.

Ahora empiezas a considerar el lado espiritual de la vida y al final eso te llevará a contemplar *tu* lado espiritual. Lo anterior significa todo. Aunque sientas que morirás de la tristeza, ya se te pasará y vivirás como nunca antes. Si me quedaba, nada de todo esto habría pasado, y morirías de aburrimiento, depresión y... al final... hubieran llegado los resentimientos porque no habría correspondido al amor que me dabas.

Mamá y tú todavía tienen sus vidas por delante. Siempre tendremos todos los recuerdos compartidos, lo cual me regresa a la vida de manera que no puedo explicar. Y lo mejor de todo es que tenemos un "siempre". ¡Es lo más importante! Quiero que lo sepas bien: nos queda una eternidad. Tal vez ahora parece difícil de entender, pero de todas las nuevas perspectivas que tengo, la que más te quiero compartir es que nos volveremos a ver.

¡Te amo más que nunca!

Tu princesita adorada

Fe, confianza y paciencia

El momento y la manera de morir de cada quien es un logro supremo y la manifestación de cada vida. Pero su probabilidad, como todas las creaciones terrenales, considera más variables de las que la mente humana maneja. Contrario a lo que te muestran tus sentidos físicos, cada muerte es producto de un gran orden, sanación, amor y otras miles de consideraciones coordinadas con habilidad por una inteligencia suprema que reside en tu interior. Aunque estas verdades pueden ser distorsionadas y tergiversadas en extremo, vale la pena compartirlas con los que lo entenderán, tal vez agregándole algo que diga: "Si todavía estás vivo, no estás listo", que, por cierto, es la siguiente "cosa" que los muertos quieren decirte.

Capítulo 4

No estás listo

Estar muerto puede ser genial, aunque es mejor vivir en las junglas del tiempo y el espacio (o donde te encuentras en este momento).

Vienes de la "muerte" y regresarás a ella. Pasarás más tiempo allá, en el todo, que aquí. "Allá" estarás más concentrado en pulir y perfeccionar el arte de "entrar" en un cuerpo (opuesto a las experiencias extrasensoriales en las que "sales" de tu cuerpo).

Ahora mismo, mientras lees estas palabras, cuando comes, trabajas, vives, todos los momentos son parte de tu turno en el escenario del tiempo y el espacio. Tal vez eres escéptico porque todo esto es difícil de entender. Tal vez no estás convencido de que el presente está lleno de significado. Tal vez no crees que estás donde decidiste y eres quien quisiste, que eres el mago de tu vida, el coreógrafo de las ilusiones que bailan a tu alrededor y de la oleada intergaláctica de amor y energía pura. Después de todo, algunas veces muchos aparentan buscar un espacio para estacionarse. A veces quizá parezca que perder peso, pagar las deudas y encontrar al hombre perfecto es una broma cruel. Con razón a los vivos les gusta quejarse con el dicho: "Si quieres hacer reír a Dios, cuéntale tus planes."

¿Por qué no estás listo para morir en este momento, en especial si sufres la "pérdida" de un ser querido? ¿Si todo parece caótico y aleatorio, si se acumula la carga de problemas en la vida, si sigues atorado, no logras lo que quieres y descubres que todo este sufrimiento pide demasiado de ti? Bueno, por lo visto, este capítulo es para ti.

Entre la espada y la pared

Primero que nada, entiende que la vida en las junglas te puso a la *altura* de la creación de la realidad. Casi nada se compara con la elección de olvidarlo todo y empezar una aventura. En ella, le darás a Dios ojos, oídos y sentimientos nuevos… y también un corazón que nunca dejará de latir porque "ser" significa "existir" para siempre.

Para lograrlo, vas en un viaje que tú mismo creaste, aunque *no sabes* a dónde. Ni siquiera "Dios" lo sabe, de lo contrario no habría razón para ir.

Estás aquí como Dios para descubrir esto, para señalar un nuevo camino. Eres un pionero en la conciencia (aunque viendo la vida desde la perspectiva mortal, *no estás seguro de nada*). Hay ángeles que no se atreven a pisar donde lo hiciste y te consideran súper valiente.

Ése es el chiste de vivir una vida dentro de las junglas del tiempo y el espacio:

> Los retos de la vida generan las aventuras de la misma.

No significa que cada contra tenga un pro (ya hablamos de eso), sino que cada momento incluye una "o". Entre más grande sea la "o" (disyuntiva) que creaste, mayor será la emoción. Por ejemplo, de todas las alegrías de la Tierra, pocas se comparan con la gloria de lograr algo *contra todos los pronósticos,* tener éxito *frente al peligro,* triunfar *sobre la adversidad,* encontrar amor *donde pareciera que no hay nada.* Pero en todos estos ejemplos, *primero deben aparecer* las probabilidades casi nulas, los peligros, las adversidades y la soledad. Convertir dos millones de dólares en cien millones es *nada* comparado con transformar cero dólares en un millón, porque para hacerlo tuviste que empezar de… cero.

Lo malo es que muchas veces "los locales" perciben estos mismos retos, invitaciones a la grandeza y caminos a la felicidad como problemas, maldiciones y ¡demonios! Por eso te deprimes y retiras tu magnificencia en vez de enfrentarlos y levantarte. Todo el sentido se pierde. Tu vida *no* es tan grandiosa *porque* tienes varicela, estás quebrado o tu novia te engañó. ¡Error! ¡*Tu vida es grandiosa porque* tienes varicela, estás quebrado o tu novia te engaño! ¡Recuerda! Tus problemas no son aleatorios, fueron diseñados por *ti* (diseño divino).

> La vida no debe ser dura para ser feliz después de ella.

Por eso los muertos quieren que entiendas que todo está bien (no importa dónde estás parado) y cada vez se pondrá mejor. Que todo pasa tal como "debe" ser en una progresión continua que te llevará a algo más alto. Ésa es la trayectoria de Dios dentro del tiempo y el espacio: la expansión eterna. Quieren que sepas que incluso en la ausencia, no importando cuánto los extrañes, el hecho de *que tú sigas vivo* está lleno de significado. Quiere decir que todavía tienes lugares a dónde ir, amigos que conocer y lecciones que aprender. Que todavía puede haber más sonrisas que molestias, más risa que llanto y más felicidad que tristeza, en un universo vivo y amoroso que conspira a tu favor.

Quieren recordarte que el mundo todavía es tuyo, aunque no hagas tu "trabajo". Olvídate del pasado, regresa al aquí y ahora y empieza a formar el resto de tu vida. Aguanta en las junglas y sigue bailando la danza de la vida, sabiendo que tienes tendencia al éxito y a la alegría, porque son inclinaciones de lo Divino, rasgos de lo inmortal, tus eternos derechos de nacimiento.

FINALES FELICES

¡Por favor! ¿Algún padre amoroso le daría a su hijo un libro que no tuviera un final feliz? No. Y siempre deberían aconsejar: "No dejes de leer cuando llegues ¡a la parte tenebrosa!" Del mismo modo, el "grandioso tú" te entrega el regalo del tiempo y el espacio porque sabe que todo será bueno a *largo plazo,* no importando cómo surjan las cosas en el camino. Será tan bueno que *sin importar lo que pueda pasar,* valdría la pena cada golpe y giro a lo largo del camino.

Espero que sospeches que el "final feliz" en esta metáfora no es cuando "mueres". La vida no debe ser dura para ser feliz después de ella. Por eso, el "final feliz" surge con el entendimiento final de las áreas delicadas en que te mueves *cuando* estás vivo. La clave es en verdad *moverte a través de ellas* y no "dejar de leer cuando llegues a la parte tenebrosa". Debes prevalecer, aguantar y fortalecerte para salir por el otro lado o darle la vuelta al área delicada, no importa de qué se trate.

Cuando domines esto, aparecerá un nuevo sueño con su respectivo viaje.

Mucha gente al tratar de entender la vida, Dios y el propósito, de inmediato preguntan sobre el dolor y el sufrimiento del mundo. Nunca preguntan:

• ¿Por qué tantas personas en el planeta, desde el Ártico hasta el Sahara, tienen suficiente comida?

- ¿Por qué tanta gente parece tener vidas afortunadas, con amigos, hijos y parejas?
- ¿Por qué hay tantos ganadores de lotería, estrellas de rock y multimillonarios?

Pero si quieres preguntar sobre los "finales felices" de los niños que mueren de hambre en países lejanos o de los abusos horribles que ocurren en todas las naciones (preguntas muy justas y responsables), tendrás que contextualizarlas con las siete mil millones de otras vidas pasando al mismo tiempo. Hay que admitirlo, en comparación con todas las vidas del mundo, son pocas las tragedias. Y aunque el número de personas que experimentan algún tipo de agresión es bastante grande, las tragedias por sí solas no definen las vidas (incluso hay muchas que son felices antes o después de los ataques). Para juzgar tu vida, la de otros, tu progreso o la falta de, toma lo que esté pasando en ese momento.

Problemas fugaces, regalos duraderos

Las pérdidas dentro de las junglas son temporales e ilusorias (como el mismo tiempo y el espacio). ¿Qué mejor manera de aprenderlo que escogiendo un camino con "pérdidas" donde los malentendidos puedan ser resueltos y disipados? Imagina la euforia intoxicante que siente el alma afligida y abandonada al descubrir la verdad: su amado no sólo vive, sino que estarán juntos otra vez, para siempre. Al aceptar y recibir con gusto tus retos, creas oportunidades para que se revelen sus regalos. Entonces eres libre para deleitarte con la maravilla de todo y avanzar con valentía en el camino, incluso ir hacia la luz más alta o vivir aventuras más grandiosas de las que tus limitaciones anteriores te habrían permitido.

Nada es por casualidad. Estar vivo significa que sabías en lo que te metías y las probabilidades que podían presentarse algún día. Ahora, cualquier hoyo aparente en tu vida es una invitación (hecha a la medida, por ti y para ti) a ser guiado hacia las verdades más grandes sobre la vida, el amor y la realidad, que de otro modo no habrías considerado. Cuando una pérdida, tragedia, defecto o imperfección te sacude, tienes la opción de que te tire o te levante. Gracias a la resistencia del espíritu humano y su tendencia innata al éxito, con el tiempo la elevación será tu elección. Descubrirás que sigues completo a pesar de retos, reveses y sufrimientos… y que incluso te han ayudado.

Caso particular: abuso marital

Es un tema delicado, así que para ser muy claro: nada justifica el abuso de cualquier tipo. Nunca. Está mal, es inmerecido y criminal. Aquéllos que cometen tales ofensas deben ser tratados con severidad. A las víctimas hay que ofrecerles compasión y rehabilitación. Sin embargo, sucede, y como mereces que te contesten todas las preguntas por muy duras que sean, este problema ayudará a ilustrar algunos de los puntos del capítulo.

De forma hipotética, si una "víctima" concluye que está muriendo, que la vida es injusta, que su situación no tiene esperanza… estaría en lo correcto *en ese momento*. Pero, si ésas fueran sus únicas conclusiones, estaría viendo el abuso fuera de contexto, sin incluir su pasado ni futuro. Además, si basa las decisiones importantes de su vida sólo en estas conclusiones con poca visión de futuro (cancelando los planes, evitando a sus amigos o permitiéndose construir el odio), terminaría cegándose a los milagros que la rodean, haría cortocircuito con sus habilidades de sanación, ocultaría el balance de la vida y la mejora del espíritu. Por eso las crisis son importantes, revelan conocimientos como éstos:

• Entender que la dignidad propia no se gana.
• Aprender que escuchar o decir "no", no es una negación del amor ni un egoísmo inapropiado.

- Darse cuenta de que nadie tiene la responsabilidad o el trabajo de salvar o redimir a los demás.
- Considerar que no existe sólo un "alma gemela".
- Descubrir que las necesidades de amor propio son primero que las de amar a los demás.
- Encontrar que ser feliz y vivir en paz no requiere tristeza ni violencia.

Y literal, un número infinito de otras lecciones y conocimientos, por ejemplo, que no hay dos relaciones de abuso iguales.

Del mismo modo, *todas* las pérdidas, sufrimientos, enfermedades, decepciones, dolores de cabeza, vidas y muertes experimentadas dentro de las junglas son creación de cada aventurero. Ofrecen oportunidades hechas a la medida para la autocorrección, el balance, la sanación, el crecimiento y la ganancia absoluta. El bien potencial a largo plazo (es decir, ¡la eternidad!) siempre supera los reveses y sufrimientos a corto plazo. Si en vez de tomar las situaciones difíciles como incidentes aislados y al azar lo haces considerando el tiempo, surgen sus regalos ocultos.

Pero no puede haber curación, balance o mejora si no dejas que el péndulo regrese o *si a una vida no le permites evolucionar*. No importa dónde te encuentras en este momento, está bien. Es donde se supone que debes estar. No porque sea el destino, sino por las decisiones adoptadas hasta el momento. Y aunque habrá veces en las que te sientas incómodo o desagradable, el camino en el que estás ahora te lleva de manera inevitable a más amigos, amor e iluminación. Te aleja de la confusión y los malos entendidos. Te guía hacia la claridad del profundo poder que tienes sobre cada ilusión en tu vida, aprendiendo a través de ensayo y error.

LA TRAMA SE COMPLICA

El primer paso para darte cuenta de que no eres vulnerable es saber que nadie se encuentra en situaciones difíciles o amenazantes sólo porque sí. La vida no debe verse como un lugar peligroso que te arroja cuchillos al azar. Todo lo que pasa está "escrito" por tus pensamientos previos, creencias y expectativas, intencionales o no. Las no intencionales son más comunes, pero no tan divertidas. Con el tiempo, la gente empieza a hacerse nuevas preguntas, corregir antiguas maneras y señalar nuevos caminos de modo intencional.

Al entender cómo todo se junta, será más fácil encontrar el significado y obtendrás la inspiración para seguir adelante.

La historia de cada vida se desarrolla igual que la trama de una novela o película de Hollywood: todo con un propósito (vital, planeado y pensado) y sin personajes innecesarios. No es al azar, se escribe de manera espontánea detrás de las cámaras, en el estudio del escritor o guionista, quien se oculta a propósito para que experimentes cada escena por completo.

Por favor, no confundas lo azaroso o aleatorio con lo espontáneo. Lo espontáneo impulsa, te mueve. Surge de un campo de probabilidades que puedes controlar, manteniendo las decisiones y los significados. Involucra el instinto y la necesidad, las corazonadas y los sentimientos, la imaginación y las creencias. Lo aleatorio implica lo opuesto: lo inútil y vacío; un tal vez o un tal vez no; el azar y la suerte.

LUCES, CÁMARA, ACCIÓN

En una película, ¿hay llamados al azar o "casis"? Es decir, ¿un personaje casi se lastima, casi se enamora, casi le pasa un accidente o casi se muere? Por supuesto que no. Todo está escrito con anticipación en el guion. Los personajes hacen *casting*. Se toman decisiones, se discuten, se reestructuran las tomas y se vuelven a hacer.

Se graba la narración, se edita y se inserta. Los diálogos se elaboran, ensayan y presentan. Nada se deja a la suerte (demasiado riesgo y desperdicio de recursos). Aunque de seguro, cuando ves la película en la comodidad de tu sillón, parece que hay muchas cosas al "azar", *porque se supone que así debe ser.* ¡Sólo entonces se vuelve creíble! En el cine, no hay nada más importante que la naturalidad, mantener la *apariencia* de la casualidad. Sin una apariencia auténtica que incluya sorpresas, libre albedrío y posibilidades infinitas, no habría un valor emocional y la producción sería inútil. Como la vida, ¿no?

El tiempo y el espacio son una ilusión. Crean la "pantalla grande" de la realidad que diriges en este momento. Primero todo sucede fuera de la pantalla, en el pensamiento, la ilusión, detrás del telón, más allá del tiempo y el espacio. Donde en un abrir y cerrar de ojos se pueden hacer las masivas coordinaciones y planeaciones de logística. Donde los guiones son perfeccionados y ejecutados en el momento que ocurren, como un rayo que sigue su camino sin la menor resistencia, sin importar lo impactante o alucinante de una ocurrencia o actuación. Nada existe de modo accidental o sin ninguna razón, diseño, coreografía, *casting* y demás. Nada. Ni siquiera el transeúnte, el ladrido de un perro o el camión de bomberos que pasa con su sirena. Y nadie resulta herido, se enamora, vive o muere sin razón e inteligencia. No hay "casi" escapadas o accidentes, no importa lo cerca o lejos que parezcan.

Hasta el sobreviviente de un avión en la "vida real" está más lejos de la muerte que una persona comiendo pan francés con su amada familia un sábado en la mañana. No por el destino o la suerte (que ni existen), sino porque eso "escribieron". Los pensamientos y expectativas pasados y presentes convocan a las realidades disponibles y probables para su experiencia. Igual que la inteligencia divina teje los otros siete mil millones de guiones, momento a momento, escena tras escena.

¿Ya adivinaste para dónde vamos? ¿Ya viste que en las junglas todo es un *trabajo en proceso*, incluida tu vida, la actual? Aun si te aburres, asustas o quieres renunciar, ¿el hecho de que todavía "estés" vivo no es evidencia indiscutible de que aún no estás listo para dejar el escenario?

El autor desconocido

Siempre puedes sentir que todo actúa para el bien general de la historia, a pesar de la misteriosa utilería y los escenarios móviles *que llenan tu mente*. Ahora mismo puedes sentirlo en la aventura de tu vida, sin importar lo que haya pasado. Entiende que cuando las cosas no parecen ser lo que querías, el cambio debe empezar contigo, el autor desconocido que escribe con su pluma de pensamiento, creencia y expectativa.

La inteligencia divina es tu coreógrafo de respuestas, crea pasos y rutinas en forma de experiencias de vida que te traerán la visión que tomarás. Elabora experiencias que parecen no tener ritmo ni lógica, pero en retrospectiva, la perfección será obvia y entenderás el significado.

Un título posible para la historia de tu vida es el nombre por el que te conocen. El género podrían ser las fortalezas e intereses que has desarrollado a través de tus vidas. La estrella principal eres tú, viviendo de forma emocional el papel principal hasta creer que eres "real". Tu lector más ávido es "Dios", quien a través de la ventana de tu alma sigue cada una de tus palabras.

Ahora, claro que *eres real*, sólo que no como crees. Esta analogía no pretende marginar la experiencia humana. Al contrario, puedes usarla para identificar la verdad y deleitarte en la gloria de ser uno con la Divinidad. Entiende que la brillantez de Dios soñaba con ser *a través de ti, como tú*. Así podrás vivir con un propósito, y formarás el mundo que te rodea y dominarás las habilidades de la imaginación, la paciencia y la manifestación.

ESCRITURA CREATIVA 101

Todos los buenos autores tienen un truco grande y poderoso. Llevan al lector por un camino oscuro y tenebroso rodeado de misterio y suspenso… mientras escriben desde la comodidad de su estudio, con todas las luces encendidas. Incluso puede que en las otras habitaciones haya niños felices, mascotas peludas, un esposo amoroso y la televisión a todo volumen. El autor *inventa cosas,* nos da señales falsas, deja las pistas en lugares escondidos, pone al villano en línea recta a las arenas movedizas, y "de forma casual" le arroja un sombrero al héroe para mantenerlo calientito (pero de ahí sacará una sorpresa justo antes de que el puente explote…) *¡Wow!* El autor tiene el tiempo de su lado, o mejor, crea una historia *fuera* del tiempo, es decir, atemporal. El lector es quien experimentará la historia en un orden lógico y secuencial, porque lo está leyendo en una línea del tiempo. Cuando acaba la historia, el escritor puede regresar hasta el principio y agregar un personaje nuevo: el Coronel Mustered que resolverá algún problema que surgió… ¡después de terminar el primer borrador! El autor tiene una maestría para crear su narración, por eso el lector siente que las palabras cobran vida de manera espontánea, natural y lógica cuando las lee. Esto, claro, es después, mucho después de que se escribió, imprimió y encuadernó el manuscrito final.

Lo anterior es posible porque el autor entiende a fondo su papel en la creación y presiona los botones correctos en el momento correcto, para obtener los resultados que quiere que el lector encuentre en la obra terminada.

De forma similar, el autor de una vida, que entiende su papel en la creación, *da casualidad a sus órdenes* basándose en lo que "está escrito" en los pensamientos, las creencias y las expectativas para los resultados que quiere en cada manifestación terminada. Éste es el gran truco. Saber que no dependes del mundo que te rodea. No tienes que enfrentarlo, trabajarlo o manipularlo para lograr un cambio. De hecho, es inútil manipular las ilusiones de tiempo, espacio y materia para hacer cambios significativos en tu vida. En vez de eso, ¡cambia su fuente! Entra a tus pensamientos e imaginación. Visualiza (y crea) nuevas posibilidades: el universo responderá en el mundo físico reordenando las ilusiones de tu vida.

> A ti te toca la parte fácil. El universo hará el resto.

Inventa el sueño que quieres que se vuelva realidad, a dónde quieres ir, quién quieres ser y lo que quieres tener desde afuera del tiempo y el espacio, usando tu imaginación. Como por arte de magia los detalles serán calculados para ti. La utilería y los actores en el escenario de tu vida se cambiarán a tu alrededor, se reorganizarán a través de aparentes accidentes y coincidencias, convocando a la gente adecuada y prescindiendo de la errónea justo en el momento exacto y por las razones precisas, en los caminos más sorprendentes, aunque plausibles, para llevarte a ti, la estrella, de donde estás a donde sueñas.

A ti te toca la parte fácil. El universo hará el resto. Sólo debes hacer dos cosas:

Paso 1: Define lo que quieres.
Paso 2: Asómate para recibirlo.

Da en el clavo en estos dos pasos (las instrucciones están en el capítulo 6) y todo lo demás se te dará en una metafórica charola de plata.

Mejor, imposible

Tu vida es una enorme obra en proceso y ningún pensamiento o experiencia aislada es todo o el final de todo. Al entenderlo, verás que no importa cómo te sientas en cualquier momento (o a través de una serie de momentos), no puedes saber cuándo estarás listo para "morir" de manera natural hasta que lo hagas. Y ningún reclamo lo hará, no importa qué tan grande sea el dolor. Hay una magnífica producción al alcance de tu mano, y tú eres el autor, la estrella y la audiencia. Los ángeles se asoman sobre tu hombro para leer la historia. ¡Hasta Dios está emocionado! Aunque ahora no lo puedes ver, estás en medio de una espiral ascendente, más alto de lo que estuviste en tus otras vidas… y sigues subiendo.

> Ser paciente no significa ser pasivo.

Por eso, manos a la obra. *Ser paciente no significa ser pasivo.* Avanza hacia tus sueños mientras celebras todo lo que funciona, lo que tienes y quien eres en este momento. Pasa tiempo con tus amigos y solo. No te preocupes. Sé feliz. Mira al futuro. De seguro es más fácil decirlo que hacerlo, pero ni modo, así es. Si estas cosas fueran fáciles, ya se habrían hecho, ¿y cuál sería el punto? Te inscribiste en un programa intensivo: más difícil al principio, pero a partir de ahí más divertido.

Si a veces te sientes perdido o incompleto, está bien. Significa que eres "normal", que estás creciendo y te encuentras justo donde "deberías estar". Tus retos, desafíos y deseos no son una desventaja, son una bendición. Incluso si incluyen perder a un ser querido que estuvo "listo" antes que tú. *Cuando pierdes a un ser querido eres bendecido de forma especial (por el amor que conociste y el que conocerás).* Entre más grande es la sensación de ausencia y la insatisfacción, *más grande será la reaparición y la futura celebración.*

No te molestes en pensar o en preguntar si ya "es tu tiempo". No lo es. Pronto lo sabrás.

Y, por cierto, vas a extrañar la Tierra. Todo el mundo lo hace.

Carta de un ser querido que murió

¡¡¡Alexa!!!

¡Wow! ¡Qué vuelo! Más bien… ¡Qué accidente! ¡Loquísimo!

¿Quién muere en un accidente de avión? Casi nadie, ¿no? "Es la forma más segura de viajar y bla, bla, bla…" Pero, por lo visto, rompí las expectativas.

Amiga, ¡estoy viva! Lo único diferente es que puedo verte y escucharte pero tú a mí no. Los flotadores dijeron que ya estaba lista para partir y tú no. Sí, andaban ahí como fantasmas, son tan sabios y amorosos que te dan ganas de llorar. Dijeron que ahora también soy uno de ellos, pero con piernas… todavía.

¡No! Obvio no puedo ver cuando te bañas. ¿Es en serio tu pregunta? Hay como una barrera automática que mantiene en privado todo lo que no quieres que se sepa, siempre y cuando no sea parte de la aventura de otra persona. Como tus besos con Bob cuando todavía era mi novio, antes del accidente. Eso era parte de mi vida. Lo vi todo en el informe que me dieron cuando llegué aquí. T – O – D – O… Pero si lo besas ahora, no lo sabré, porque ya no es parte de mi vida.

¡Eres una zorra! Jajajaja, ¡es broma! Es imposible enojarse aquí. Hay tanto por lo que sentirse feliz. Además, ya lo sabía, y no es que yo fuera una santa. Lo siento, uno aprende tanto en su revisión de vida…

¡No sabes la de cosas que encuentras aquí!

Oye, ¿recuerdas al señor Gresham? Era nuestro maestro de Humanidades en la escuela. ¿Alguna vez notaste que no era amigable con él? Pues, ¡¿adivina qué?! ¡Fue mi padre en otra vida! Y no sólo eso, nos dejó a mi madre y a mí abandonadas en el bosque después de que nací. Morimos de hambre y de frío. Escalofriante, ¿no? Lo creas o no, todos los vivos, en el fondo, sienten los errores cometidos en el pasado y muchas veces tratan de enmendarlos en las vidas futuras, aunque no sepan ni entiendan por qué lo hacen. Sí, recuerdo que saqué 10 en Humanidades. ¡Pero me parece que un asesinato vale mucho más que un 10! Bueno, seguro ésa no es la historia completa, pero estaba feliz por mi calificación.

Lexie, te cuento esto porque... tengo algo que confesarte. Una vez te lastimé. Fue una terrible herida. Te ataqué con un cuchillo. En verdad. Perdón. Éramos druidas y vivíamos en lo que ahora es Galway. Bob también estaba ahí, debí apuñalarlo a él en vez de a ti, ¡jajajaja! ¡No es cierto! Acuchillar tiene enormes y lastimosas consecuencias. Bueno, de cualquier modo, algunas veces a los amigos les gusta regresar juntos a las junglas del tiempo y el espacio para trabajar las cosas pendientes, o sólo porque les atraen las mismas aventuras. En verdad lo siento. Por ahora me has perdonado porque no lo recuerdas, pero ¡mierda! Cuando tu memoria regrese... ahí estará otra vez el asunto.

Oye, algo más. Ya sabía que te besuqueabas con Bob y lo dejé ir sin pelear (sin resistencia). Esto significó mi liberación de otra cosa que siempre había callado. Lo dejé ir porque al fin aprendí que mi felicidad no depende de alguien más y que ninguna mentira puede hacerme infeliz. Conseguí lo que más quería. Ésas fueron mis lecciones... Además, aprendí a compartir como un niño, algo más grande y difícil de lo que parece. Por eso morí, o al menos, vine a este lugar, a casa. ¡¿Está padre, no?! Te lo dije. Deberías ver a dónde me iré ahora, pero no puedo decirte...

Bueno, ¡qué vuelo! ¡Me alegra que estés bien! ¡Por favor, recuerda que yo también! El que sobrevivieras sólo significa que todavía tienes muchas aventuras por vivir en ese lugar. El que muriera sólo significa que mis siguientes aventuras serán en otra parte. Pero seguiremos en contacto cuando sueñes por las noches, aunque no lo recuerdes. Estaremos juntas siempre, por los siglos de los siglos, aquí, allá y en todo lugar.

¡Te amo, hermana! ¡Besos!

Atentamente,

Trixie, la acuchilladora

ANTES DE QUE UN GRAN SUEÑO SE VUELVA REALIDAD

¿Sabes lo que pasa en el mundo físico justo antes de que un gran sueño se vuelva realidad?

Nada de nada, ni una maldita cosa.

Así que, si parece que nada ocurre en este momento de tu vida, tómalo como una señal. Significa que si alguna vez te preguntas o te preocupas sobre si ya es tu "tiempo" (o te gustaría que lo fuera), no lo es. El cambio viene en silencio, como un submarino, y cualquier momento de calma que experimentes ahora es sólo la calma antes de la tormenta de las coincidencias, los accidentes felices y las casualidades que te traerán el siguiente cambio. Una transformación increíble y emocionante. Siempre hay algo maravilloso en gestación.

No deberías preocuparte o preguntarte si obstaculizas las cocreaciones que involucran el pobre comportamiento de los demás. No importa qué haya ocurrido entre ustedes. Tus triunfos inevitables siempre serán más dulces y la más humilde de las disculpas estará a la vista. Por cierto, es la siguiente cosa que los muertos te quieren decir.

Capítulo 5

Perdón por cualquier dolor causado

Los que se aventuran en las junglas muchas veces salen heridos, pero ¡siempre es por alguien más!

Y la mayoría de las veces nos lastima la persona que más queremos.

Cuando sea el momento adecuado, aprenderás que *tú* lastimas a otros tanto como ellos a ti. En las sublimes visiones de la vida después de la muerte, una empatía profunda y natural te pone en los zapatos de los que lastimaste. Por eso es natural que te agobies al querer compartir las verdades que aligerarán la carga, desviarán la atención y guiarán por un camino más feliz a todos los que amas. Los muertos en verdad lamentan cualquier dolor que hayan causado en tu vida.

EL GRAN RESUMEN (DE VIDA)

Cuando el interruptor se baja y todas las luces del tiempo y el espacio desaparecen, otro interruptor se prende en algún lugar y las luces resurgen en "lo invisible". Es bastante lógico si crees que la vida es eterna, organizada y con una inteligencia divina. Seguro no es una oscuridad perpetua, sin forma. De hecho, palabras como *brillante*, *intrincado*, *apasionante* y *espectacular* se quedan cortas al lado de la belleza y el orden que por ahora es invisible. Como la vida dentro de las junglas es una escuela de aventuras llena de orden y belleza, ¿no esperarías un resumen de vida, un reporte o una revisión de tu estado?

Claro. Vas progresando muy rápido.

¿Y te imaginas quién te calificará? ¡Tú mismo! Creaste todo esto, al menos tu parte. ¿Quién más podría hacerlo? No digo que te sientes a juzgarte, aunque es probable que lo hagas. El punto es que aprendas a ver, a entender y a elevarte.

Cuando revisas todo en retrospectiva, es natural que observes lo que pasó entre tu nacimiento y muerte, que veas y entiendas tu rol en la creación: tu estilo y tus locuras, mentiras y verdades, razones y justificaciones, aciertos y errores… *todo*, y con una perspectiva y un grado de profundidad que ahora no puedes comprender.

Puedes ver muchas cosas: cómo quedó tu vida, prepararte para las decisiones y aventuras de la siguiente, cómo influyó tu existencia pasada en tus logros más recientes, cómo aparecieron los amigos de milenios anteriores, qué querían (jugar, molestar o burlarse) y cómo aceptaste comprometerte con ellos. Descubrirás por qué eres tan bueno en matemáticas o tal vez en música, por qué odiabas Historia o Artes, dónde estabas cuando te enamoraste por primera vez, las influencias detrás de tus inexplicables urgencias y miedos, la antigua conexión entre tú y los padres que escogiste y por qué odias y amas a ciertas personas.

Irradiarás puro éxtasis sobre cada triunfo y conquista, te sentirás orgulloso de tu valentía y valor, disfrutarás tu tolerancia, festejarás tu tenaz perseverancia y tus agallas auténticas, tu compasión, empatía y cariño. Y todo lo que sientas se amplificará un millón de veces cuando veas el bien que hiciste por otros. Mostrarás tu sonrisa y fortaleza contagiosas, esparciéndose como un incendio a través del espacio y el tiempo, hacia la eternidad, alcanzando más vidas de las que podrías imaginar.

"Ups, perdón otra vez"

También verás que eras incrédulo, aun en los momentos en que los ángeles te bañaban de amor, apoyaban y empujaban a la grandeza. Pero no sabías nada de esto por culpa de tu inocencia o ignorancia. Lo bueno es que después, cuando te hagas cargo de ti mismo, verás las cosas positivas que percibiste como malas, correctas las injustas y reclamarás para ti lo que los demás fueron muy tontos para darte. Intentabas un cambio manipulando ilusiones y personas en lugar de reflexionar. Criticabas, juzgabas y lastimabas (mental, física y emocionalmente) cuando te encontrabas rodeado de un universo adorable y lleno de amor. "¡*Qué horror! ¿Yo?*" Asombrado, te preguntarás si las imágenes están distorsionadas, porque recuerdas todo el dolor y la confusión que sentiste en esos momentos, pero no el amor que te rodeaba.

Esas ocasiones serán pocas y lejanas, comparadas con tus mejores momentos, pero causarán descontento. A pesar de tanto apoyo, de lo obvio que siempre fueron, decidiste encerrarte en una cueva. Tu remordimiento se amplificará cuando veas que tus acciones se convirtieron en excusas para que otros se acobardaran, se culparan o se rindieran a las infinitas posibilidades que ofrecían sus propias vidas. Y después verás cómo *sus* acciones cubrieron con una sombra infinita a otras personas.

No es agradable.

Sin embargo, el "bien" te fortalece. Lo ves expandirse más rápido que el "mal", reforzado por la tendencia de todo mundo a escoger el amor. Hay tiempo en la eternidad para que todos se recuperen con majestuosidad. Nada se desperdicia y cada experiencia hace crecer a Dios. Con el tiempo, todos aprenden lo que vinieron a aprender y vuelven a amar, todos hacen su "casa" total y completa. Hay un número infinito de segundas oportunidades. Y sin lugar a dudas, incluso si ves tus más grandes decepciones y errores, sientes que eres amado por completo. Lo sientes de manera *física*. Y aunque no puedas empezar a comprender esto, sabes que es verdad porque *tú eres entendido*. Sabes que todo estará bien, que la sanación nunca para, que es para todos, incluyéndote. *Los contratiempos son posibilidades.* Observas que todos los que cruzaron su camino contigo estaban conscientes de las probabilidades, sabían lo que podía pasar y que desde el cenit de su luminosidad gritaron "¡SÍ!".

> Con el tiempo, todos aprenden lo que vinieron a aprender y vuelven a amar.

Ayúdalos a ayudarte y ayúdate a ti mismo

Pero así como te tambaleaste, resbalaste y cometiste errores que causaron dolor a otros, los que te hicieron lo mismo en verdad lamentan mucho las acciones que te lastimaron. De hecho, esas acciones les permitieron ver lo que no hubieran visto de otra manera. Los muertos se sienten más obligados a ayudar a quienes sufren y a evitar sucesos desafortunados, en especial porque ahora ven lo que tú no: qué fácil es, qué tan fuerte eres y cuánta vida ofrecen.

Sucesos desafortunados

Si tú, querido lector, estás en situación de continuo dolor "causado por" otros, vivos o muertos, estos consejos pueden cambiar tu ambiente por uno más pacífico, amoroso y pleno.

Día de la Marmota (sin Bill Murray)

No vivas en el pasado. Te distrae y no ves lo que pasa en el presente. Además, garantiza que cada experiencia de vida subsecuente se arruine por el trauma de lo que alguna vez te hicieron o dijeron. Esto disparará sólo sentimientos negativos, lo que a su vez fomentará decisiones y comportamientos negativos, que al final generarán más manifestaciones negativas. Lo que se va regresa, al igual que tus pensamientos cuando atraen más cosas que no te gustan. Justo como el rico que se vuelve más rico y el pobre que se vuelve más pobre, lo amargo se vuelve más amargo, con múltiples razones para ser amargo. Vivir en lo que alguna vez te hirió sólo trae nuevas sorpresas, nuevas pérdidas, más desilusiones, *nuevas razones* para sentirte herido.

Deja las repeticiones a las televisoras

Tu recuperación se obstaculiza y las manifestaciones desagradables se incrementan cuando tu *atención al pasado* invita simpatías erróneas o demasiados cuidados de las personas que quieren demostrar su compasión. Esto lo hacen confirmando que lo que te pasó, en efecto, fue horrible, destructivo, inmoral, desagradable, vergonzoso, dañino… y es sólo el calentamiento. *Seguir la corriente* sólo servirá para crear o confirmar una falsa creencia en tu impotencia, vulnerabilidad y victimización.

Ahora que estás descubriendo tu poder, tal vez te preguntes: *¿Qué hay de mis amigos, pareja o colegas negativos? ¿Debo dejarlos?* Claro que no. Es obvio que tienen grandes cualidades, de no ser así, jamás habrías sido su amigo o pareja, ¿cierto? Les gustan las mismas películas, se ríen de los mismos chistes, la pasan bien juntos. No eres tan corruptible como piensas. Sólo no dejes que sus pensamientos se vuelvan tuyos. Estás aprendiendo. Tus poderes internos se consolidan. Usa todos los medios posibles para dispersar cualquier plática negativa, pero lo logres o no, no sigas la corriente. Y más importante, date cuenta de que nadie quejándose, lamentándose o protestando puede cambiar tu nueva línea de vida. Ahora eres imparable, más positivo que negativo, inclinado hacia el éxito y nacido para progresar. ¡Olé!

Peleando con fantasmas

Intenta no arreglar o cambiar a los demás, en especial si te lastimaron. No requieres excusas por su comportamiento o "aprender a amarlos". Lo que más te servirá es crear tanto espacio como te sea posible para sanar, distraerte y llenar tu vida con nuevos amigos, ideas y aventuras.

Einstein dijo que los problemas no se resuelven con el mismo pensamiento que los creó. Podemos decir lo mismo de manifestaciones y sus pensamientos. En vez de enredarte con lo ya hecho, cambia tu atención y crea algo nuevo.

"No" es un nunca para siempre. Evita hacer declaraciones generalizadas de lo que harás o no harás, a quién verás y a quién no. No digo que sea fácil. A menudo recordarás buenos y malos momentos del pasado. Sólo da lo mejor de ti, eso siempre será suficiente. Y deja el pasado para tus biógrafos.

Cómo no ser especial

Quienes nunca han sido agredidos dan por hecho que todos tienen retos, después de todo, ellos los tienen. Los que sí han sufrido un ataque serio pueden caer en la ilusión de que los demás tienen una vida "normal", libre de retos, y no tienen que lidiar con las intensas dudas y miedos que los asedian. Con frecuencia esto lleva a las víctimas a sacar la falsa conclusión de que el daño recibido es la raíz de cada estremecimiento, deficiencia y torpeza, lo que a la larga complica su angustia.

Si los acosados pudieran ver la vida como los demás, se sorprenderían al descubrir que todos tienen problemas comparables con sus propios asuntos postrauma. No digo que la violación no haya sido horrible o inusual, no minimizo la gravedad de las ofensas, pero no hay nada peor que una vida sin retos. Y sean visibles o no para los demás, mayores o menores que los de las otras personas, eso no cambia el hecho de que existen. Lo que pasa entre dos o más personas es cocreación. Lo que pasa después, tus reacciones a lo que pasó y las decisiones que tomas, sólo *es tu creación*. Entender cómo o por qué te involucraste no es tan importante como medir y ver cualquier regalo que puedas descubrir en lo que pasó entre tú y la otra persona. Es muy importante usar ese conocimiento para seguir adelante con tu vida.

> La llave para tu libertad ha estado en ti todo el tiempo.

DEJA QUE COMIENCE LA LEYENDA

Los "muertos" quieren pedirle perdón a las personas que lastimaron. Lo lamentan, pero no necesitas desperdiciar más tiempo con el pasado. Lo sienten por las razones obvias y también por las no obvias: arruinaron tu pensamiento, te mandaron a cazar patos salvajes y contribuyeron a tu dificultad para saber que era "normal" dudar de ti mismo. Todos lo hacen. Todos algunas veces sienten que les falta algo, que no merecen algo o son inadecuados para algo. *Todos tienen problemas y son esenciales para la gran aventura de la vida*, incluyendo los retos que puedas tener ahora, debido a una ofensa o trauma previo. Los problemas de la vida siembran sueños para derrotarlos y te lanzan al mundo como un Creador poderoso y preparado. No eres vulnerable, eres indomable. Sabrás esto más rápido y con más seguridad que las personas no bendecidas con una vida llena de retos.

La llave para tu libertad ha estado en ti todo el tiempo. Eres un antiguo gladiador de amor y dicha que se lanzó a la Tierra durante estos años de formación. Lo hiciste para ayudar a desencadenar un nuevo pensamiento, ver lo que puedes hacer de las cosas, compartir algunas sonrisas y ayudar a otros a vivir preparados mientras descubren que son tan geniales como tú.

Los viejos sistemas de creencias que alguna vez fueron cómodos para ti por las excusas se quedaron atrás. Se tienen que ir igual que el capullo que protege a la crisálida. Se deben romper para que salga la mariposa.

Creencias cálidas y difusas pero limitadas

1. El tiempo es fugaz, puede que sólo tengas una oportunidad de hacer bien las cosas.
2. Las oportunidades sólo tocan tu puerta una vez.
3. El primer pájaro se gana el gusano.
4. Debo estar en guardia contra el mal.
5. La suerte (o su ausencia) es un componente incontrolable en cada vida.
6. No somos los únicos que controlamos nuestro futuro.
7. La vida es una prueba y después morimos.
8. Hay gente mala en el mundo.
9. Cosas al azar e impredecibles pasan en cada vida.
10. Pude haber sido más si no me hubiera pasado esto.

Creencias más allá del perdón

1. El tiempo y el espacio establecen un escenario para una vida de creación.
2. Las oportunidades nunca dejan de tocar la puerta.
3. Hay suficientes gusanos para todos los pájaros.
4. No hay más maldad que la que decido ver.
5. Creo mi propia suerte e infortunios, mis pensamientos se vuelven cosas.
6. El universo conspira a mi favor, quiere para mí lo que quiero para mí.
7. La vida es parte de una aventura interminable.
8. Todos dan lo mejor de sí y tienen buenas intenciones.

9. Dentro de todas las cosas hay significado, orden, sanación y amor.
10. Soy más gracias a lo que me ha pasado.

DEJA LA CULPA, PREPÁRATE PARA DESPEGAR

Con el entendimiento inundando tus sentidos más y más, una nueva ironía aparece en tu radar:

Sólo se necesita el perdón cuando existe la culpa.

La primera mentira necesita de la segunda. Dejar la culpa y el perdón se vuelve un punto irrelevante.

Echar culpas significa no entender que tú creas tu realidad. Un punto ciego de esa magnitud te aleja de vivir la vida con decisión, ahora y en el futuro. Te impide aceptar responsabilidades para formar el resto de tu existencia. Después de todo, si alguien causó estragos en tu vida, que es lo que la culpa implica, ¡podría pasar de nuevo! Cuando hay culpa, existe la creencia de que cosas malas pasan a gente buena sin ninguna razón. *No quieres seguir creyendo esto.*

No hay duda de por qué el perdón es un reto en el mundo actual: la gente cree que las ilusiones son reales y que las circunstancias pueden ocasionarte daños al azar. No pueden. Nada puede. Ni siquiera tú mismo. Los muertos quieren que te saltes el dilema desde el principio y aceptes la responsabilidad por todo. Después, con claridad y más confianza en tu poder, muy en el fondo te darás cuenta de que todos son tus amigos, todo te hace más, y el cielo es el límite de todo lo que puedes conseguir.

REVISIÓN DE LA REALIDAD

Si este capítulo es sobre ti y el dolor sufrido por traumas y agresiones (y ahora te sientes confundido sobre qué camino tomar), considera que nada de lo que acabas de leer significa que el agresor esté libre de responsabilidades. Agredir no está bien. No merecías lo que te pasó. Y cada uno de tus verdugos algún día tendrá que "caminar con tus zapatos". Estos puntos se establecieron antes, y dado que es muy importante entenderlos, serán revisados más adelante. Para permanecer en el tema de este capítulo, los que te lastimaron y murieron lo lamentan. Quieren que lo sepas. Que vuelvas a vivir.

Quieren que sepas que está bien amar la vida, el proceso, amarte a ti mismo y, en la medida de lo posible, a quienes todavía te pueden dañar, no porque lo merezcan, *sino porque tú lo mereces*. Así es como se reclama tu poder legítimo. Tus verdugos pasados, presentes y futuros están perdidos en la confusión y la angustia. No tenían la intención de lastimarte, sino de hacerte sentir un poco del mundo que los lastimaba. Tus primeros pensamientos, ya sea confusión o amor, combinados con los suyos, dieron inicio a las lecciones para cada uno de ustedes. Has aprendido qué te funciona, y ellos igual. Cada uno hace esto posible para el otro.

> Los que te lastimaron y murieron, lo lamentan. Quieren que lo sepas. Que vuelvas a vivir.

Amarlos no quiere decir que te quedes con ellos, los cures o les des un día de tu tiempo. Puede significar denunciarlos a la policía, citarlos en la corte o convertirte en su maestro (ya sea con cierta distancia o a través de otros). Significa recordar que ellos, como tú, están dando lo mejor y todos aprenden qué funciona y qué no.

Lo bueno se hace mejor

La vida *no* se trata sólo de aprender lecciones difíciles, aunque los dos capítulos anteriores han sido los más difíciles. Más adelante hay unos más fáciles y felices. Querías todo, ¿lo recuerdas? No sólo la edición endulzada. Además, incluso los capítulos complicados, cuando los lees con los ojos bien abiertos y ves lo que ofrecen, están llenos de emoción y posibilidades, te liberan de viejas ideas.

No escogiste ser la persona que eres ahora *sólo* para que te pusieran a prueba. Decidiste estar aquí para descubrir, jugar y amar; para tener mejores amigos, tomar de la mano y susurrar cálidos secretos a oídos; para escalar hasta la cima, surfear olas y admirar noches llenas de estrellas. Querías sacudir *tu* rincón del mundo. No viniste aquí por "un poco", por "una pizca" o por una "gota". Sabías que habría circunstancias que te harían llorar, momentos que te gustaría evitar y gente que desearías estrangular. Pero también, que estos momentos serían poco a cambio del viaje que tendrías, del poder descubierto y del amor compartido.

Tampoco escogiste rodearte *sólo* de amigos adorables, también querías guías, ayudantes y maestros. No deseabas aprender con lentitud, sino con el programa intensivo. Eres un ser de amor y los seres de amor atraen a otros seres de amor. Pero como estamos en tiempos de formación en el planeta, no saben quiénes son en realidad o cómo manejar el poder que tienen. Para superarlo, se ayudan unos a otros. A veces esto significa darse un empujón, morderse, corretearse con unas tijeras y cosas por el estilo.

Puede haber más leones, tigres y osos. Te vuelves más sabio. Algunos pasan con el nombre de John, Pedro, Lucas, Sue, Aiza u Olga, pero no porque *tengan* que estar. No porque sufrir sea el precio de la grandeza o el bien deba atraer al mal, sino porque algunas veces no-crear es el precio de aprender cómo crear en conjunto. No porque estés en ruina o hayas fallado, sino porque eres grande y sigues creciendo. No tendrás enemigos *reales*, sino amigos *reales:* gigantes espirituales que te aman tanto que irían encubiertos como tontos o ignorantes por una vida entera para ayudarte a descubrir quién eres en realidad.

Carta de un ser querido que murió

Querida Lauren:

No sé cómo empezar... "Lo siento" es sólo sobre mí y ni siquiera da una idea de lo que pasaste.

"Gracias" me parece muy inadecuado. Como si hubiera recibido en vez de tomar.

Me amaste y sólo esperabas ser amada. Sin embargo, utilicé tu amor para acceder a tu corazón y tu vida, para aprovecharme de tus dudas y miedos. Te usé en contra de ti misma.

Lauren, a pesar de qué tan patético pueda sonar esto, no tenía idea de mi grado de ignorancia o del caos y sus consecuencias hasta ahora. Lo peor es que descubrí que, incluso cuando ya no tomaba nada de ti, el daño que te causé hizo que te culparas y odiaras. Te llevó a esa idea errónea de que el mundo es cruel e injusto. Te alejó del amor, las posibilidades y la belleza que siempre están presentes.

Pensabas que la vida lastimaba a todos, ¿cierto? Todos deben sufrir. Si no te lo hacía yo, tú me lo harías a mí y entonces saldría herido.

Siempre descubrimos a los niños mentirosos y lo mismo pasa con la verdad.

La ignorancia es la plaga del tiempo en que vivimos, es la raíz de cada acto de maldad. Sin embargo, en este Jardín del Edén donde la esperanza es eterna, todos son parte de Dios y nada se desperdicia; la ignorancia es como una delgada telaraña que nos sostiene por un tiempo y a veces nos une. En esta telaraña se hunden juntos agresores y víctimas, intercambian lecciones hasta que, a través del entendimiento y la compasión, desarrollan músculos fuertes para liberarse. Después surge el amor, las alas se ensanchan y se elevan a la luz.

Este lugar es bellísimo, Lauren. Hay amor en todos lados. Paz. Aceptación. Y sobre todo, entendimiento. Dios es genial. No quiero decírtelo porque de seguro parecerá injusto, pero estoy aprendiendo a ser feliz. En verdad feliz. Logré hacerlo de nuevo. Vivir de nuevo. Amar y ser amado otra vez. Todos lo hacen. De eso se trata todo. Los errores sólo son escalones hacia un camino que nos lleva a la verdad y, por lo tanto, a más felicidad.

El amor que te tengo es tan real y tan grande como mi dolor por lo que pensaba, por mi comportamiento y sus efectos en ti. Es más grande de lo que jamás pensaste. Más grande que cuando nos conocimos. Más grande que las montañas más altas. Soy mejor gracias a que tu grandeza me alcanzó. Si no fuera por ti, aún estaría perdido.

Por favor, Lauren, todavía tienes tiempo. Eres más fuerte de lo que piensas. Observa y siente el amor, las posibilidades y la belleza otra vez; te rodean. Todavía tienes todo lo que necesitas dentro de ti para crear lo que quieras en el mundo. Es por eso que aún sigues ahí.

Lo lamento. Gracias. Siempre te amaré.

Jackson

BUSCABAS SER SABIO

Las personas que aparecen en tu vida lo hacen por una atracción invisible y una aprobación implícita. Tienen el mismo enfoque, las mismas creencias y las mismas vibras (o algunas que las complementen) que tú. Te necesitan para llenar sus "profecías", tanto como tú a ellos. Se convertirán en tus maestros, no porque sean sabios, sino porque *tú* buscas serlo. Perdona a los demás como te perdonarías a ti mismo. O mejor, entiéndelos y ve hacia la libertad de crear lo mejor de tu vida. Sólo se necesita tu aprobación, como leerás en la siguiente lección que los muertos te quieren dar.

Capítulo 6

Tus sueños en verdad se vuelven realidad

Ahora que ya casi estás deduciendo la verdad, considera lo siguiente: si la vida sólo se tratara de sobrevivir, entonces, ¿cómo explicarías la imaginación? Si fuera sólo sacrificios, ¿cómo explicarías el deseo? Si sólo se tratara de pensar, reflexionar y de lo etéreo, ¿cómo explicarías el mundo físico? ¡Qué complicación!

Además, si *eres* los ojos y los oídos de Dios, ¿no inventarías un lugar como Pandora, de la película *Avatar*? Un lugar de aventura e intriga, lleno de amor y fraternidad, donde pudieras comunicarte con los animales y ser uno con el planeta mientras dominas el arte de la mente sobre la materia. ¡Lo harías! *¡Podrías!*

¡Bienvenido a casa! ¡El planeta Tierra! ¡Maravilloso! Sin duda, es el lugar más emocionante del universo (al menos por tus rumbos). Hay 100 millones de especies diferentes que habitan cielo, tierra y mar, cada una con sus rasgos y características. Y también estás tú, arriba de la "cadena alimenticia" con dominio sobre todas las cosas, con la libertad de pensar y, por lo tanto, de crear lo que quieras. Tienes sueños para recordarte qué es posible, qué tan lejos puedes llegar y todo lo que puedes ser, hacer y tener.

> Así que, adelante, ve por todo. Para eso está.

¿No ves que en este bastión de perfección, en este oasis entre las estrellas, que imaginaste, diseñaste y construiste, *tienes una tendencia natural al éxito*? Con ajustes predeterminados de salud, amigos, abundancia y un sinnúmero de cosas buenas.

¿No has notado que cuando intentas algo lo logras? Al menos unas nueve de cada diez veces. Y eso que no conseguiste es parte de tu curva de aprendizaje. Mi querido amigo lector, los que han muerto entienden mejor que nadie que los sueños en verdad se pueden volver realidad, *y saber esto* hace la diferencia.

La ignorancia era una bendición

Todavía la ignorancia espiritual del planeta impregna el mundo: se adoran ídolos, se reza con duda, se le habla a Dios como si "él" fuera el que decide las cosas, se piensa que las rocas sirven para algo, pero tu imaginación no, etcétera. Sin embargo, incluso en el apogeo de esta ignorancia espiritual, ¡has levantado la tapa de la supervivencia!

Hace apenas doscientos años, una casa moderna en Nueva York significaba un piso, dos recámaras, paredes de madera, un techo seguro y una letrina cerca. Hoy significa un palacio virtual en el piso 100 de un rascacielos, lleno de mármol, cristal y bambú, con comodidades que diez años atrás eran inimaginables.

Hace apenas cien años, la mayoría pensaba que volar sólo era para los pájaros; ahora existen estaciones espaciales.

Hace diez años la gente usaba MySpace.

No es raro que "los sueños se hacen realidad" es popular en todo el mundo, no sólo en las historias que cuentas, sino en las vidas que llevas y en la gente que idolatras. Existes en el tiempo y el espacio para prosperar, estás destinado a ello, y se vuelve inevitable *cuando sabes, cuando en verdad sabes que ¡es cierto!*

¿Cómo vamos hasta aquí? ¿Crees que son *pensamiento ilusorio*? ¿Seguro?

En tu propia vida, ¿no sonríes más de lo que frunces el ceño? ¿Ríes más de lo que lloras? ¿Tienes más claridad que confusión? ¿Tienes amigos en vez de estar solo? ¿Estás más sano que enfermo? Incluso con el dinero, ¿no has tenido más veces de las que has estado en números rojos? Uno de los temas recurrentes en este libro es que *tiendes hacia el éxito*, y en este capítulo empezarás a ver cómo y por qué. Esto es más que una manera de ver la vida, es tu realidad.

Así que, adelante, ve por todo. Para eso está.

ASÓMBRATE

Aun con las luces apagadas y la gente creyendo en fe, suerte y karma como factores decisivos en su vida, el éxito, la salud y la alegría son la regla, y ahora el progreso fabuloso está en marcha. Pero ¿por qué no ver lo obvio? Porque hasta que no estén listos para descubrir la verdad, no lo harán. No importa qué tan clara sea la evidencia. En la actualidad, las mayorías eligen creer que "la vida es difícil y la gente mala". Así que eso es lo que ven, aunque su percepción surge de la excepción en vez de la regla. Lo curioso es que la conciencia tiene tendencia a prosperar, crecer y convertirse en algo más, por eso las mayorías prosperan a pesar de sí mismas.

Los "muertos" quieren decirte que naciste para elevarte, lograr y crecer. No a veces, sino siempre, es tu naturaleza. Es parte de ti, es una necesidad como comer, beber y multiplicarte. Es gran parte de lo que viniste a hacer aquí. ¡A lucir tu vida! Los sueños provocan aventuras, éstas desencadenan retos que posibilitan tu crecimiento. Otra vez, los retos no son señales de debilidad, sino una confirmación de que tu sueño es digno de ti. Tus retos son temporales mientras sus lecciones son eternas.

Rodar, elevarse y partir

¿Te has imaginado lo que podrás hacer cuando entiendas tu tendencia al éxito y cómo lograrlo? ¿Ya empiezas a vislumbrar para dónde vamos? ¿A dónde se dirigen las cosas? ¿Estás listo? ¿Motivado? ¿No sientes que ya sufriste, sangraste, sudaste y lloraste lo suficiente? ¿Puedes ver cómo las torpezas del pasado, a pesar de su dolor, te han marcado el camino y posibilitado despertar?

Cuando surjan las maravillas y las creencias se desencadenen, descubrirás lo que estaba ahí desde el principio: un planeta abundante donde hay suficiente de todo para todos, donde las oportunidades son eternas y la razón por la que desde el primero hasta el último pajarillo consiguen gusanos es porque aparecen, existen. Esta vida es fácil, la gente es asombrosa. Y cuando no te guste lo que tienes, donde estás o en quien te has convertido, cámbialo. Estás en el círculo de los ganadores por tu simple presencia en estas junglas sagradas. Cualquier deuda ya se pagó hace mucho tiempo. Aquí, ahora, hoy, a cada momento eres impulsado a la grandeza. El sistema está arreglado para ti. Es tiempo de despertar y vivir.

Tus pensamientos son más que simples y borrosos hilitos de humo. Perpetúan la vida como la conoces; son los formadores del tiempo y el espacio, son las partículas de Dios que se reúnen con entusiasmo, con inteligencia propia. Así como el agua se evapora bajo sus propias condiciones, el fuego se enciende y los continentes se deslizan, así tus pensamientos se esfuerzan por volverse cosas, objetos, sucesos y actores en tu vida, llenando el molde creado por tu imaginación con personas, lugares y cosas. Cuando haces tu trabajo, ¡ellos hacen el suyo! Puedes tener todo lo que quieras.

Por suerte, todo el mundo piensa lo que le place. De hecho, tus pensamientos positivos son (al menos) diez mil veces más probables de manifestarse que los "negativos".

¡Fíjate!, tu vida es la prueba. Sólo tenemos que recorrerla. ¿De qué otra forma podrías explicar que te preocupas mucho, a menudo concentrándote en lo que está mal, y aun así sigues teniendo más sueños que se convierten en realidad que pesadillas? Eres como una ola de amor y alegría desplazándose a través de la eternidad, supernatural e ilimitada, que sólo llega un momento al tiempo y al espacio para revisar que las cosas vayan bien. Nada puede cambiar quién eres en realidad: ni un mal día, semana o año; ni los contratiempos, el desamor o las violaciones a tu persona. Rodarás, te elevarás y partirás (es tu naturaleza). No hay un "tal vez", "no estoy seguro" o "espero". Eres imparable, amante de la diversión, nacido para el éxito, energía de Dios pura y eterna. Esto es lo que los "muertos" quieren que sepas para lograr lo que veniste a hacer: vivir tu vida al máximo.

> Imagina que ya recibiste, hiciste o te convertiste en lo que deseas. No imagines *cómo* pasará.

LAS MECÁNICAS MILAGROSAS DE LA MANIFESTACIÓN

Todas las manifestaciones físicas siguen pasos. Para usar su mecánica, primero debes conocerla. Volverte bastante diestro para obtener resultados consistentes requiere práctica. Lo difícil del proceso es saber que nunca estás sólo. Tienes a tu entera disposición (no por accidente, sino por designio) un universo ansioso y un montón de principios que te apoyan sin juzgar. Todo coopera con tu causa porque está alineada con la intención del universo entero. Aquí estás, te adoran, eres Dios creciendo para tener éxito con alegría.

Tu trabajo en traer el cambio es la parte fácil. Sólo se requieren dos pasos para liberar las energías y leyes metafísicas, atraer lo que los demás llamarían milagros, suerte, destino, intervención divina, coincidencia y probabilidad. Sólo con dar estos dos pasos y mantenerte firme hasta que haya resultados, vendrá el reino. Recuerda no tropezar con los matices que señalo más adelante. Pero *debes* dar estos dos pasos aunque parezca que estás solo, nada pasa y las probabilidades están en tu contra.

Paso 1: Define lo que quieres en términos del *resultado final*

Imagina que *ya* recibiste, hiciste o te convertiste en lo que deseas. No imagines *cómo* pasará, no te preocupes por la logística del proceso. Imagínalo terminado.

Paso 2: Cada día *muévete* en la dirección de tu sueño

Haz algo físico, al nivel que puedas. Estos pasitos *siempre* parecen inútiles. Tal vez sueñas con champaña y caviar a bordo del autobús para tu trabajo en un centro comercial. Hazlo de todos modos. No importa que no estés seguro de estar o no en el camino correcto. Es muy probable que no lo estés. Hazlo de todos modos. Si no tienes la menor idea de hacia dónde te debes mover, muévete hacia *cualquier* dirección.

Tus pensamientos tienen energía y fuerza de vida propias. Se mueven por los escenarios, la utilería, los actores y las circunstancias de tu vida como si fueran marionetas, predisponiendo tu vida a los llamados accidentes, coincidencias y casualidades. En definitiva, poco a poco y sin problemas, te llevarán al mundo que refleja lo que pensaste. Aunque si te quedas en casa, sentado en tu sillón a esperar que Oprah te llame, no habrá ningún accidente, coincidencia ni casualidad. Por eso debes actuar tus sueños de forma física, no para batear un *home run* o para hacer la parte difícil, sino para estar dentro de la magia de la vida. Rara vez importa lo que haces de manera específica, porque cuando haces algo, lo que sea, un mundo de posibilidades nuevas se abre ante ti.

Es como andar con un GPS

Tal vez podrás ver y entender mejor todo esto con la metáfora del GPS. Está en los autos y *smartphones,* y funciona igual que la realización de los sueños.

Paso 1: Indica tu *destino* (resultado final)

Como el GPS ya sabe dónde estás, en cuanto le indiques *destino,* ¡sabrá cómo llevarte ahí! De hecho, en un abrir y cerrar de ojos considera *cada* ruta y carretera para escoger. También incluye los límites de velocidad, semáforos, cruces y hasta construcciones. Y de forma sorprendente, en un segundo ¡sabe la ruta más corta, rápida y feliz! Pero nota que no te "habla", sino hasta el paso 2.

Paso 2: Pon tu auto en marcha (muévete)

Si no arrancas el auto, el sistema ¡no te ayudará! Si sigues estacionado, de hecho le estás diciendo: "No te muevas, no ahora, no estoy listo." Aunque no sepas que se lo dices, no te ayudará porque si le indicas a dónde quieres ir y luego no dejas que te lleve, es una gran contradicción. Es lo mismo en la vida cuando tienes sueños y no los actúas de modo constante. En el auto, una vez que metes primera o *drive,* el sistema entero se pone en acción, sigue tu progreso, cambia de ruta cuando lo necesitas, de forma virtual te lleva de la mano hasta tu destino. Si te distraes entonando a todo pulmón una canción de Barry Manilow, el GPS te regresará al camino con algo así como: "A 200 metros realice un cambio de sentido." No obtendrías esta guía y corrección si sólo te estacionas en el auto… o en la vida.

Los milagros del progreso son invisibles

Los milagros del progreso casi siempre son invisibles, pero eso no significa que no ocurran.

Cuando estableces cambiar tu vida o, para seguir con la metáfora del GPS, empezar un viaje de tres horas a la casa de un amigo que nunca has visitado, ¿en qué momento del camino se vuelve obvio que cada vuelta a derecha o izquierda era perfecta y milagrosa?

¡Al final! ¡Cuando llegas!

Entonces, ¿te puedes imaginar la siguiente farsa? Que después de 2 horas y 55 minutos de viaje digas: "Ay no, no funciona para mí… Funciona para otros… debo tener creencias invisibles, limitantes y autosaboteadoras… Creo que mejor regreso a casa y veo *El secreto* otras 30 veces". ¡No! *¡Funciona* para ti! *¡Siempre* funciona para ti! ¡Cada día te acercas más! ¡Cada día se vuelve más fácil! Deja que estas conclusiones sean tu *modus operandi* para siempre, en cada viaje. Justo cuando reclamas que no funciona, *deja de funcionar.* En el momento en que te quejes de que es difícil, se volverá difícil. El universo, tu gran yo, te escucha. Tus nuevos resultados finales se transforman. No juzgues, sólo responde. No puedes decir un día "voy a ser estrella de rock" y al día siguiente, "no está funcionando". Estos dos "resultados finales" se oponen, chocan y se cancelan entre sí. Es cierto, tienes tendencia al éxito, pero ¿para qué hacerlo más difícil de lo necesario si un simple cambio de perspectiva y palabras pueden trabajar de forma muy poderosa?

LOS MATICES

Por lo general, las ruedas no van solas hacia arriba, los incendios no queman árboles húmedos y los sueños son difíciles de cumplir si dependen de:

1. Caminos específicos (los malditos "cómo").
2. Personas específicas (los malditos "quién").
3. Detalles específicos.

Caminos específicos

Algunas veces tendrás éxito, pero insistir en un camino específico para lograr tu sueño es meterte con el "maldito cómo". Pones el peso del mundo en tus hombros, creas estrés, fomentas la preocupación, y lo peor, limitas al ilimitado universo. Un universo que está siguiendo a todos y cada uno de tus sesenta mil pensamientos diarios, así como los de otros siete mil millones de cocreadores. Y no sólo estos pensadores tienden a cambiar de opinión y reacomodar sus prioridades de vida en el camino, todos tienen docenas, si no es que cientos, de otros sueños, deseos y anhelos que se agregan a la ecuación a cada segundo y lo que contendrán físicamente. Por eso el universo necesita libertad y flexibilidad, así como alguien negociando una carrera de obstáculos llena de parámetros cambiantes. En cuanto dices: "Me haré rico con este libro", cierras la puerta a todas las otras posibilidades de hacer una fortuna. No es que no puedas, sino que al ver X como la única forma de conseguir Y, estás caminando sobre la cuerda floja, *reduciendo* los caminos para el éxito.

Personas específicas

Otra vez: *algunas veces tendrás éxito,* pero simplemente no puedes hacer que la gente se comporte de modo específico a menos que te lo permitan. Tu pareja, socios, clientes, vendedores, hijos, padres, jefe o empleados también tienen la protección inherente que tú tienes. ¿Cuál es esa protección? Pues que tu vida, decisiones y poder no pueden ser violentados (aunque a veces parezca lo contrario).

Esto no te impide tener una pareja asombrosa, socios, clientes, vendedores y demás, sólo significa que no puedes insistir de manera específica sobre quiénes deben ser. Entrégaselo a la *inteligencia divina,* que conoce todas las combinaciones posibles.

Como padre o empleado tienes la responsabilidad de guiar el comportamiento de la gente específica que necesita y quiere tu guía. Pero, aunque trabajes para maximizar las oportunidades de que se comportarán como decidiste, no hay garantía de que lo harán. Aprende esto para que la estrella de tu felicidad no dependa de sus decisiones.

Detalles específicos

Los detalles están hasta en la sopa. Todos son insignificantes, no importa que tan sexys, divertidos y convincentes sean. No significa que tu vida no estará llena de ellos o no te emocionarán. Pero cuando insistes en agregar un detalle en particular, sea o no parte de algo más grande, es probable que haya estrés, limitaciones y amargas decepciones. Primero, debes entender que los detalles específicos no importan para el gran esquema de tu ser. Segundo, aprende que si los detalles son demasiado entrelazados (con rutas y gente específicas) tal vez éstos arriesguen toda la manifestación.

Igual que con los cómo y personas específicas, si insistes en los detalles, *algunas veces tendrás éxito.* En especial si quieres algo de lo que hay mucho disponible (como rosas rojas o un Beetle de Volkswagen). Si es así, es probable que lo consigas. Pero una casa particular en una zona específica o una medalla de oro en los próximos Juegos Olímpicos es más complicado. Cuando sólo hay uno de algo y muchas personas lo quieren, estarán molestos posponiendo su felicidad hasta conseguirlo. No hay necesidad de dar importancia a cosas escazas o raras *cuando lo que en verdad quieres es más felicidad, salud, amor, abundancia… y hay suficiente para todos.*

Si primero intentas microdirigir tu éxito juntando o coleccionando detalles, en esencia es lo mismo que arruinarlo con los "malditos cómo". Déjalos ir. El cerebro es muy pequeño, no está listo para hacer esto. Sí, los detalles son hermosos (piensa en ellos, visualízalos, quiérelos), *pero no insistas en adjuntarlos.* Es fácil. Abre espacio para cosas mejores que ni siquiera has imaginado. Deja que tus resultados finales sean felicidad, salud, prosperidad y otras ambiciones con implicaciones de gran alcance para el "tiempo de tu vida". Olvida los apegos a chucherías que aparecerán en el momento correcto y de modo inevitable.

He aquí cómo puedes bailar con los matices, pero sin apegos. Imagina que vas con Bruno conduciendo tu nuevo BMW con una docena de rosas amarillas en el asiento de atrás. Se dirigen al aeropuerto internacional de Los Ángeles para volar a Londres por Virgin Atlantic, una de las aerolíneas más lujosas del mundo. Este vuelo es la primera etapa de un viaje alrededor del planeta para celebrar la apertura de tu nueva fábrica de hula hula en Mobile, Alabama. Ahora, recuerda la metáfora del auto en marcha, conforme vivas tu vida, verás y harás cosas que pueden bloquear otras posibilidades. Permanece abierto. Toca muchas puertas. Empieza a escribir tu libro, regresa a la escuela, envía tu currículo, trata de vender bienes raíces, únete a un sitio de citas por internet y permanece disponible para la magia de la vida y sus milagros mientras, obvio, consideras tus fortalezas, probabilidades y preferencias en cada paso del camino.

Después de todo, tal vez no sea Bruno, Londres o la fábrica. Podría tratarse de Rocky, Roma y tu nuevo imperio de yoga. Los detalles sólo deben generar emoción para tus resultados finales, no *ser* tus resultados finales. Agrégalos a tu idea general, a tu nueva y emocionante vida y ríndete a todo lo demás.

Resiste la tentación de morder la manzana del Jardín del Edén, la cual sólo fue una metáfora para comportarte como si las ilusiones de tiempo, espacio y materia fueran más reales que su origen. No comas del fruto prohibido viendo las circunstancias fuera de contexto, como si caminos, gente y detalles fueran dirigidos para obtener lo que quieres. En vez de eso, ve hacia el origen, adéntrate en la fuente: tu imaginación.

Los cinco sentidos... te engañaron

Por ahora tal vez puedas apreciar que si alguien cree que "la vida es difícil y la gente mala", éste sería uno de sus resultados finales, aunque sin intención. (Paso 1) no es que *quieran* que el mundo sea como creen, sino que el deseo o el odio por sí solos no son factores determinantes en ninguna manifestación. Lo importante es que esas ideas son pensadas y, por eso (Paso 2), se actúa conforme a ellas.

Actuar conforme a resultados finales no sólo significa salir y tratar de lograrlos. A veces, tu comportamiento colateral inclinará la balanza para acelerar una manifestación. Si crees que la vida es difícil y la gente mala, el comportamiento colateral incluye acumular, bloquear puertas, guardar tu corazón y demás. Aunque tales precauciones parecen repeler el "mal" con energía, en realidad lo invitan. "Como un hombre piensa, así se comporta", aumentando la energía y un sentido de expectación y, al final, esos pensamientos se vuelven cosas. Al manifestarse así tienes razones para pensar y comportarte dentro de las mismas líneas, y se crea un círculo vicioso.

Cada vez que te aventuras en el mundo, las cosas se acomodan para que lo veas "difícil y malo". Incluso si haces algunos cambios importantes en tu vida (trabajo nuevo, mudarte, matrimonio, lo que sea) si mantienes la misma visión del mundo, ésta te seguirá adonde vayas. De forma invisible y casual atraes circunstancias molestas y gente complicada. Entonces verás esta lluvia de "mala suerte" como prueba de que "¡la vida es difícil y la gente mala!".

> Tus sueños existen por una razón: para volverlos realidad.

A menos que seas muy observador y curioso, necesitarías muchas decepciones (y una conciencia creciente de que no todo el mundo tiene la misma experiencia que tú) antes de considerar que eras tú quien atraía las cosas desagradables. Después de todo, ¡eres una persona agradable! Pero experimentar pérdidas y rupturas de corazón guían lentamente, hasta a las almas más rebeldes, a reflexionar y preguntarse: *¿en realidad qué pasa aquí?* De modo gradual, los lleva a darse cuenta de que ellos son la causa de lo que les pasa. Ellos: sus pensamientos, su imaginación, sus oraciones (*pensar y hablar sobre* lo que quieren y lo que no), sus preocupaciones, expectativas y creencias son la fuente de sus experiencias. Entonces, si quieren crear cambios, deben empezar con ellos mismos, reconsiderando lo que piensan, creen y esperan, *no importa si al principio el mundo les sigue mostrando lo que pensaban, creían y esperaban antes.*

La única variable de la vida

Cualquier vida es una serie de viajes, cada uno provocado por los sueños que envías al mundo. De éste surgen las cosas, circunstancias y luego emociones. No puedes controlar el hecho de ser, pensar, crear y tener viajes, pero sí elegir y decidir tus pensamientos y, por lo tanto, tus destinos, y darle forma a los viajes que a su vez crean y extraen más de lo que se siente bien y menos de lo que no.

Lo anterior provoca que te reduzcas a lo que piensas, lo cual te guía a lo que sentirás. Puedes llamar a tus pensamientos "decisiones", "palabras", "acciones", "intenciones", "decretos", etcétera —siguen siendo lo mismo—. Pensar es todo: es la única variable en la vida. No *que* pienses, sino *qué* pienses. Tienes la opción de crear de forma intencional el viaje conforme se desarrolla, o no, es decir, hacerlo accidental. Puedes escoger dirigir el barco que lleva tu corazón o dejarlo a la deriva en el mar.

BAILA TU DANZA

Sigue a tu corazón. Ése es tu propósito. Tienes deseos, admítelos, escúchalos. Escoge darles vida. Tus sueños existen por una razón: volverse realidad.

Baila al ritmo de tu propio tambor. Danza todos los días. Entre más pronto empieces, más rápido encontrarás tu ritmo en la coreografía con los otros siete mil millones de bailarines. Y conforme elijas tus sueños y aprendas sus movimientos, recuerda que por cada pasito que des, incrementas de forma exponencial las oportunidades que el universo te da para alcanzarlos más rápido y como más te gusten. Todos los días muévete, acciona, sal, incluso cuando (en especial) no sepas qué hacer o cómo tu sueño se volverá realidad. No tienes que saber cómo. No puedes saberlo. Haz cualquier cosa. El universo te encontrará, los puntos se conectarán y la vida en la Tierra será como en el Cielo.

Carta de un ser querido que murió

¡¡¡Bobi, Julie, Timmy!!!

¡¡¡Aquí estoy!!! ¡¡¡Soy mamá!!!

He tratado de hablarles, pero ya me rendí porque ¡siguen ignorándome! Por eso decidí escribirles.

No creerán dónde he estado. Pueden llamarlo como quieran: viajando en el tiempo, en el espacio, etcétera. Desde que me caí del techo, han pasado las cosas más extrañas. Es como un sueño muy largo y fantástico, excepto que tiene sentido…., ¡y mis arrugas desaparecieron! Algunos de mis nuevos amigos siguen diciéndome que estoy muerta, pero no dejo que eso me moleste. ¿Qué es eso de llamarme "muerta"? Por lo general son muy amables. Aunque me parecen extraños.

Vi a sus abuelos. ¡Son jóvenes otra vez! El tatuaje en la pompa de mi mamá por fin se borró y ahora nada todos los días. Mi papá surfea las olas más grandes que puedan imaginar. Siempre hablamos de las pirámides y de cómo en realidad las construyeron con sonidos, de la Atlántida y cómo se hundió, y también aprendí todo sobre el pueblo de las hormigas.

¡También vi una película de mi vida! ¡Santo cielo! ¡Fue impactante! Reviví ser una niña… observé sus nacimientos… descubrí que mi padre se fue a Las Vegas en vez de ir a Denver… y… bueno, supe todo… y vi a Richie haciendo cosas muy malas en nombre de otras buenas. Pero el único tema que se repetía es cómo cada logro, meta alcanzada y sueño realizado de alguna manera fueron pensados o imaginados con anterioridad. Y con esto quiero decir todo: también las cosas repulsivas. No había notado la conexión antes, ¡pero ahora es tan obvia!

Claro que a veces pasan cosas que no imaginamos con anticipación, pero siempre es para adelantar la vida de alguien al lugar que combina mejor con su pensamiento. Aquí les dicen MPE, o sea, Momentos Para Escalar. Algunos son agradables y otros no, pero todos están basados en otros pensamientos de la misma persona.

A veces, las cosas que la gente piensa no pasan. ¡Incluso si pensaron en ellas todo el tiempo! Esto ocurre porque otros de sus pensamientos que se convirtieron en cosas se pusieron en el camino. PVC: los Pensamientos se Vuelven Cosas. ¡Yujuuuuuuuu!

¡Oh!, y la mejor parte, cualquiera puede tener mucho de cualquier cosa. ¡Cualquier cosa! Es divertido: siempre decíamos que el éxito no requiere sacrificio, cuotas por pagar, suerte, títulos universitarios, y que no es cierto eso de "no importa lo que conoces, sino a quién conoces". ¡Ja! Lo que me parece más difícil de creer es qué tan ingenuos éramos. Quiero decir, sólo observa a la gente que tiene éxito o lo que yo soñé alguna vez. ¡¿Hello?! ¿En qué no estaba pensando?

Las personas exitosas tienen una cosa en común: soñaron su éxito. Lo imaginaron. Pensaron que era posible. Hicieron algo por sus sueños, y en muchos casos no estoy hablando de trabajar duro. Pasear, tropezar o moverse en esas direcciones y ¡bingo! ¡Basta con mirar a toda la gente con dinero en estos días! ¡No se necesita ser un ingeniero aeroespacial! ¡No hay conexión entre hacer una fortuna y tener cerebro! ¡Sólo fíjate en todas las personas ricas! No hay conexión entre la felicidad y tener ciertas creencias, conocimientos, etnia o pedigrí. La gente feliz ¡tiene pensamientos felices! Se necesita tan poco… Se concentran en lo que les gusta y no en lo que les molesta, en lo que funciona en lugar de en lo que no, y por eso ¡atraen y reciben más cosas para ser felices! Sucede igual con los que se centran en sus ingresos en vez de en sus gastos, ¡empiezan a crear más ingresos! Y los que hacen lo opuesto consiguen lo contrario. ¡Obvio! Igual sucede con la gente que se concentra en salud en vez de enfermedad, amor en vez de odio, viajar en vez de quedarse en casa, todos obtienen esas cosas… Siempre funciona. ¡PVC!

Bueno, si no me responden, no sé qué voy a hacer. Debo admitir que extraño el café y los amaneceres. Este lugar tiene todo, pero no es como estar con ustedes. Extraño cómo eran las cosas. Tal vez estoy muerta, pero no me fui… Tal vez regrese… Tal vez si lo pienso más… tal vez si lo imagino… ¡¡¡tal vez!!!

Los amo hasta el infinito.

¡¡¡Muchos besos!!!

Su mamá por siempre

TODAVÍA ES TU TURNO

¡Eso es! ¡Yujuuuuu! ¡Lo que esperaste durante milenios! ¡Estás aquí! Puedes tener lo que quieras, como lo quieras (salvo los pequeños matices que revisamos). No pidas una sola cosa, ¡agradece por muchas! No desees y esperes, ¡declara y crea! Si sólo supieras —como lo sabrás, como ahora lo sabes— que el mundo entero está en la palma de tu mano… Seguro hay más en la vida que vivir a propósito (como los grandes amigos, la compasión y el color naranja), pero cuando conoces la verdad, vivir a propósito es tu boleto para suavizar las carreteras llenas de baches, difundir la riqueza y vivir de manera creativa y confortable, tanto material como emocionalmente. Esto es lo que los muertos quieren que sepas sobre la vida, hará que tu regreso a casa sea más impresionante. Será una fiesta en la que todos compartirán las historias de ser niños otra vez, platicarán, reirán, lo que sea. Y hablando de impresionantes regresos a casa, fíjate en la siguiente cosa que los muertos quieren decirte.

Capítulo 7

¡El cielo te sorprenderá!

¿Sabes qué es la luz blanca al final del túnel que se ve en las experiencias cercanas a la muerte? Es amor visto por ojos "cansados".

Puedes sentir el amor que surge de la *inteligencia* y el que *es* inteligencia (de alguna manera extraña). Entiendes que te *conoce* mejor de lo que te conoces tú mismo; te entiende; te adora. Como padres amorosos, el tiempo es infinito.

> Esta luz blanca es tan cercana a Dios como cualquiera de nosotros *antes de entender que somos Dios.*

Esta idea, bien entendida, es "el cielo". Tu falta de entendimiento crea la desconexión con la vida que acabas de dejar, que es lo que evita que sientas lo que estuvo ahí todo el tiempo. Esta luz blanca es tan cercana a Dios como cualquiera de nosotros *antes de entender que somos Dios.* Te maravillarás en esta luz blanca, es una revelación sorprendente, estarás en éxtasis total, y entonces te preguntarás cómo habrías vivido si desde el principio hubieras sabido lo siguiente:

- Lo importante que fuiste.
- Lo poderoso que fuiste.
- Que no existen los errores.

Pero claro, como apenas lo estás leyendo, estás a punto de descubrirlo.

Qué tan importante eres

Simplemente eres asombroso. Ves cosas que nadie más puede ver. Escuchas cosas que nadie más puede oír. Has ido y volverás a ir a lugares donde nadie más puede llegar. Y por encima de todo, piensas y sientes cosas que nadie más puede sentir, jamás. Es lo que eres. Esto es el *por qué* eres. Es tu ofrenda sagrada al más Grande de los grandes, así que no necesitas hacer otra cosa más que existir, pues así creas lo que nadie jamás ha podido o podrá crear. Eres la cara de Dios como nadie la ha visto.

¿Adorado? No es la palabra adecuada. ¿Amado? Sí, cada vez más y el amor crece como una espiral infinita. Eso es lo que sentirás cuando llegues.

Mientras "viven", muchas personas miden lo que son por lo que no son. No esperes a morir para entender la verdad. Nadie puede serlo todo. Nadie puede tenerlo todo. Sólo eres una pequeña chispa de Dios, lo que significa que si buscas lo que no eres, siempre encontrarás algo. El punto no es encontrar lo que no eres, sino descubrir lo que sí: una colección de cualidades, características, tendencias, deseos, peculiaridades, colores y pecas. Cuando te expandes de manera infinita, generas una ventana maravillosa en la creación por la cual Dios —no a través de ti sino *como tú*—, observa y dirige los elementos, bailando consigo mismo, mientras se aparece como otros.

Eres único. Eres *irremplazable*. Una pieza clave, un "minimí" del Divino que se basta a sí mismo. *Eres* un sueño hecho realidad, la primera y última oportunidad de Dios para ser tú tal y como eres ahora. *Disfrutar* es más que suficiente. Y mientras disfrutas, ángeles y admiradores invisibles te siguen, honran y celebran, porque incluso ahora, mientras lees esto, eres más importante de lo que te puedes imaginar.

Qué tan poderoso eres

Cuando llegues al origen, empezarás a ver, al igual que quienes arribaron antes que tú, que la vida como alguna vez la conociste era el sueño. Este "lugar nuevo" es desde donde la soñabas. Como soñador, siempre fuiste más grande que el sueño, mientras pensabas que la vida te ocurría, en realidad, tú le ocurrías a la vida. Tú fuiste primero. Eres la razón de que el sol salga cada día.

La muerte será la puerta de entrada para estar más "vivo" de lo que ahora puedes imaginar. La pequeña realidad que te pertenecía, de repente, se incrementa de manera exponencial, incluyendo pasado, presente y futuro. Descubrirás que existen mundos paralelos, cada uno con diferentes versiones de ti mismo, pues en cada bifurcación del camino en tu vida anterior, en la cual pensaste en ambas rutas, se creó una grieta en el tiempo; literalmente, nació un universo paralelo, bajaste de manera simultánea por los dos senderos, y cada "tú" pensó que era el único.

Verás que estas "separaciones" ocurren durante toda tu vida, en cada *encrucijada*, pequeña o grande, en la que debes tomar decisiones. Es común que las pequeñas tangentes se vuelvan a unir, pero las grandes bifurcaciones te llevarán por vidas y experiencias completamente diferentes, con distintas carreras, compañeros, niños, lecciones, descubrimientos, todo.

Y el centro eres tú en cada versión distinta de la realidad, así como tus pensamientos, creencias y expectativas. Vives estas vidas completas dentro de vidas completas multiplicadas por cientos de miles, y aun así en cada encarnación eres… TÚ. Y todo esto antes de considerar tu típica interpretación de reencarnación "después" de una vida completa.

Impactante: ¡Todo esto es creado por ti! ¡Y lo sabes! ¡Tiene sentido!

Tus medidas actuales de poder, en términos de ilusión (voltios, fuerza, capacidad de carga, caballos, empuje), no se relacionan con medir el poder de manera espiritual. Cada hombre, mujer y niño que vive en tu mundo el día de hoy es capaz de mover montañas sólo con decirlo —de ahí la expresión—. Y algún día tú lo harás.

Venga a nosotros tu Reino

Tu alcance va más allá de lo que puedes comprender en tiempo y espacio. Tu historia es mucho más rica, tu gente más asombrosa, y tú poder espiritual, incluso ahora que está casi dormido dentro de ti, es más de lo que tu cerebro puede comprender, aunque esto no lo limita. Te impresionarás al ver lo que has hecho y sentir lo que se avecina, todo gracias a tu tiempo *en* el espacio. Al contemplar los paisajes de tu vida reciente, verás cómo ilusiones, materia y circunstancias, están ahí por tus fantasías, sueños y miedos. Verás que ordenaste y reordenaste, que cambiaste una y otra vez la utilería, actores y circunstancias de tu vida casi tan rápido como cambiaste de idea. Eras, eres, tan poderoso que...

- ... cuando uno de tus pensamientos revolotea, el viento sopla con fuerza.
- ... cuando sonríes, olas de amor llegan a playas eternas.
- ... cuando hablas, tiemblan las compuertas de la abundancia y buena suerte.
- ... cuando sueñas, las estrellas se alinean.

Ésta es tu vida. Tu poder. Conócelo y úsalo. Empieza hoy.

Al diseñar cada área de tu vida te impones contra toda posibilidad y el éxito se vuelve común, así que empezarás a preguntarte qué más hay por conocer, de qué otra manera se puede vivir y de qué más eres capaz. Gracias a estas preguntas (también diseñadas) te volverás más poderoso y curioso, un imán para más conocimiento, sabiduría, verdad y amor.

Una prueba es que lograste aclarar un camino psicológico en este tiempo primitivo de tu pequeño planeta. Durante tus años de formación preparaste el terreno para que los "muertos" te digan que *sólo estás soñando*. ¡Bien hecho!

No hay errores

> La vida como alguna vez la conociste era el sueño. Este "nuevo lugar" es desde donde soñabas.

Todo lo que te sucede y todo lo que no te hacen mejor. Es la perfección del tiempo y el espacio. Esta fórmula es tan magnifica que nada puede opacar la belleza de las junglas. Sólo tu creencia en las ilusiones, en las pequeñas mentiras piadosas, hace que tu aventura sea posible. Piénsalo. Tienes *por siempre*. Vivirás una y otra vez.

¿Así que cada aparente retroceso, pérdida o decepción hace más significativos los avances futuros, ganancias o triunfos? Tal vez no, pero también sirve como lecciones para otros, para que eviten cualquier error que hayas experimentado, así tu pena o sufrimiento puede evitarles lo mismo.

Y de nuevo, las ilusiones son sólo ilusiones: *no son reales*. Sólo tu creencia de que son reales (siendo objetivo, blanco o negro, todo o nada) te hace sufrir. Desde este nuevo mirador, ver hacia atrás y observar tu vida reciente será como despertar de un sueño muy real. "*Wow*. ¡Estuvo increíble!" Y es más reconfortante si hubo turbulencias. La experiencia fue posible gracias a que pensaste que podías cambiar, volverte más sabio. Te da una nueva perspectiva de la "realidad", por así decirlo, ¡porque las lecciones de los sueños fueron muy impactantes! ¡De mucha ayuda! ¡Llamaron tu atención, fueron impresionantes, hermosas y espectaculares! Así es la vida dentro de las junglas de tiempo y espacio, bajo la perspectiva de que sólo es un destello después de la muerte. Nada es real excepto el aprendizaje y el amor que obtuviste de los demás.

Tal vez ahora te cuestiones: "¿Y qué pasa con los que sufren? ¿Su pérdida no evita que recuperen la esperanza de que el resto de su vida sería más feliz si hubiera ocurrido de otra manera?" También hazte las siguientes preguntas:

- ¿Estoy seguro de que no obtuvieron ningún regalo con todo lo que les pasó?
- ¿Estoy seguro de que ésta es la única vida?
- ¿No son seres eternos?
- ¿Estoy seguro de saber en qué punto las circunstancias "no deseables" dirigieron su vida y que ésta podría haber sido más favorable?
- ¿Estoy seguro de que lo ocurrido no los hizo más perfectos?
- ¿Estoy seguro de que sus lecciones en la vida no podían ser de otra manera y "medida"?

Es irónico, aunque entendible, que desde tu perspectiva actual, con las ilusiones de este tiempo primitivo, la opinión general es que morir es lo peor que le puede pasar a alguien. ¿Por qué? Porque para tus *sentidos físicos* la muerte significa que se extingue la vida y todas sus posibilidades para siempre. Se cierra el telón. Todo está hecho, excepto, tal vez, el supuesto mejor escenario: música de arpas hasta quién sabe cuándo. Pero con una conciencia espiritual, por fin se entiende que la eternidad está antes y después de todas las vidas. De repente, se vuelve obvio que quienes están dentro de la ilusión no deberían decidir el mejor momento para morir. Tal vez una persona con alguna enfermedad terminal decidió una salida tranquila después de una vida plena, aprendió todo lo que debía, así que puede despedirse, arreglar su última voluntad y finanzas, y permitir que todo mundo tenga la noticia, en lugar de escoger un final repentino o un accidente automovilístico. Entonces se vuelve un poco raro que la tía Sally y el tío Billy estén juntando a la familia entera para hacer cadenas de oración, pidiendo que la enfermedad de su ser amado se cure y su vida continúe.

La evasión siempre es desear lo mejor para todos los involucrados sin aclarar qué podría ser para los demás, pues no puedes saberlo. Así que no importa lo que pase, sabes que *es* lo mejor porque no existen errores.

El orden, la perfección y la inmensidad

El Reino, la gloria, el poder… después de tu transición estarás abrumado con toda la información. Para ofrecer mayor certeza de la belleza y los milagros, te dejo más "cosas maravillosas".

La verdad incomprensible

Ni siquiera las almas más viejas, los grandes ángeles o los guardianes más sabios (al menos no dentro del tiempo y el espacio) pueden comprender la enormidad de la creación o cómo se inició: el brinco de nada a "todo lo que es", la chispa original, de dónde surgió "Dios", cómo fue la existencia sin "Dios" o, incluso, cómo *podría* haber sido "Dios". La esencia de la vida, por sí misma, sobrepuesta a la "no vida". Claro, preguntarse acerca de los inicios demuestra que el tiempo es una realidad, porque sólo puedes tener "inicio" si piensas en la idea falsa de un medio y un fin, lo que propicia la pregunta paradójica de los puntos de inicio. Esto nos lleva a otro misterio que aparenta no tener solución: ¿Cómo funcionaba la conciencia/inteligencia en ausencia de tiempo? El tiempo te da puntos de referencia suficientes para vivir una vida organizada. De hecho, pensar o leer, como lo haces en este momento, requiere tiempo.

Aunque, manteniendo nuestra premisa, hay mucho que *aún se puede* observar, deducir y saber, y ese conocimiento empieza a revelarse a una velocidad cada vez mayor hasta tu transición, como fuegos artificiales durante una noche de fiesta.

El enigma divino

Aunque las respuestas a *cómo* empezó todo lo referente a tiempo y espacio te *van a* esquivar, de repente te enfrentarás al reto más audaz aceptado por cualquier viajero en estas junglas. Es algo que hemos hablado a lo largo de todo el libro:

> Discernir lo que es real en un mar de ilusiones. Confiar en tus sentimientos en lugar de creer en la contradictoria evidencia física. Ver a través de las mentiras que generaron todo.

¡Habla de un *reto*! ¡Habla de una *aventura*! Reflexiona lo siguiente: Si a "Dios" le pidieran dirigir una increíble historia interactiva, una obra maestra de cine o un espectáculo de Brodway, donde se incluya drama, suspenso, comedia, posibilidades infinitas, romance y todas las emociones, condiciones y expresiones humanas juntas en un sólo lugar, ¡sería *en el tiempo y el espacio*! ¿Puedes pensar en algo más salvaje que la vida en las junglas? ¿De mayor alcance? ¿Más convincente? ¿Más desgarrador aunque romántico? ¿Más peligroso aunque seguro? ¿Complejo, pero que un niño pueda explicarlo? ¿Puedes pensar en algo con más esperanza, donde si puedes soñar algo, lo que sea, *puedes lograrlo*? ¿Tan lleno de tolerancia que no importa dónde estuviste? ¿Tan lleno de amor que todos los caminos te llevan a "casa"?

Las aventuras dentro de las junglas mueven la pasión y crean emoción, son la razón principal por la que tomaste decisiones durante toda tu vida, incluyendo la de estar ahí. Además, *de manera opcional,* cuando uno está listo, despierto del sueño *(tal como eres),* es necesario reflejarse en tu original, no en la falsa premisa de cómo trabaja la vida: que las *cosas* (no los pensamientos) se vuelven cosas. Es entonces cuando empiezas a entender:

- Lo que vives en pensamiento, lo conocerás en carne y hueso.
- Las creencias que tienes, lo que esperas y lo que te mueve *empezarán a moverse hacia ti.*
- Si no te gusta lo que aparece en tu espacio, puedes cambiarlo si *cambias tú mismo.*

¡Sí! *¡Wow!* Pero entonces, durante esta revelación tamaño tsunami traída por tu transición empiezas a imaginar qué hubiera sido de tu vida anterior si de manera consciente supieras que eres Creador… Sabes ahora que siempre estuviste donde querías estar, sano y salvo como si estuvieras en la palma de la mano de Dios; puedes entender que tenías el poder suficiente para hacer realidad cualquier sueño, escoger el amor en lugar del miedo, a pesar de las apariencias, y para rodearte de círculos de amigos cada vez más grandes y felices. Y, de repente, mientras piensas en esto, se apodera de ti un deseo enorme, implacable: *quiero regresar, volver, bailar con las ilusiones una vez más.*

Reencarnación (algo así)

¿Por qué no? Después de todo, tienes montones de tiempo. ¿Por qué, si nos fue dada la eternidad, alguien de origen divino escogería vivir sólo una vida? Tienes bastante tiempo para tomarte una taza de café, disfrutar un beso o comerte unas papas fritas. Hablamos de *eternidad*. Significa que si vives billones y billones de vidas, cuando termines, la suma del tiempo que gastaste en un sólo cuerpo sería infinitesimal, invisible, *irrelevante* comparada con la eternidad. Ésta es larga, enorme, eterna, así que, ¿por qué vivir sólo una vez? ¿Qué te parece si vives tantas veces como quieras hasta que estés absolutamente seguro de que exprimiste cada gota de cada experiencia? Tendrías que probar con tiempos pasados y futuros, nacer en la pobreza y la riqueza, ser hombre y mujer, zurdo y diestro, alto y bajo, agresivo y pasivo, brillante e ingenuo, emocional y parco…, y un sin número de polaridades ¡y combinaciones!

Además, están todas las opciones de dónde te gustaría vivir: en qué planeta, país, cultura. En cada vida escogerías a tus padres, así como ellos te escogerían, con qué amigos de otras vidas te gustaría volver a estar, y así una y otra vez. Todos los demás están en las mismas condiciones, ¡deseando volver una y otra vez! ¡Perfecto! Regresarás con los que aprendiste y evitarás a los otros. Ellos harán lo mismo. Vamos, tienes un eterno para siempre. ¿Por qué no?

Wow… Perfecto… ¡Tu mente celestial está emocionada!

Recuerda, las palabras no funcionan bien para explicar imágenes de la realidad. Por ejemplo, *si tomamos en cuenta tu típico y falso punto de vista de una sola vida lineal*, la idea de reencarnación implica que John Doe, después de morir, regresa como Jane Deer. Te das cuenta de tu error en cuanto preguntas: ¿La nueva Jane es el viejo John o es Jane? ¡Correcto! ¡Jane es Jane! Entonces, ¿dónde está John? ¡John aún es John! ¿Pero no regresó? ¡Sí, como Jane!

Considera que la personalidad de alguien es como una hoja en el árbol de las almas: de ésta puede reencarnar otra hoja. También piensa que como el tiempo es una ilusión, todas las hojas existen de manera simultánea, incluso cuando pertenecen a diferentes épocas. Ahora hay más claridad y calma. Ya podemos ver que John y Jane no son la misma persona, aunque uno evolucionó desde las experiencias y deseos del otro, posee cierta memoria y *lleva consigo lecciones, madurez, talentos y encantos*. Así que *es* algo semejante a la reencarnación, pero no es una progresión lineal de la conciencia, donde tiene que terminar una vida para que otra pueda iniciar. En lugar de eso, cada encarnación mantiene su propia perspectiva por toda la eternidad mientras se añaden las otras de manera simultánea. Y en lo que piensas esto, déjame agregar que es posible (de hecho, pasa todo el tiempo) que la próxima reencarnación de alguien tenga lugar en un punto anterior de la "historia".

> Incluso ahora que vives tus vidas dentro de Dios, sigues siendo tú.

La familia

Te contaré algo muy relevante e interesante. De modo inevitable, quienes ahora "viven" en cualquier civilización planetaria pertenecen a la misma familia espiritual. Tienen más cosas en común de las que alguien podría imaginar durante la vida primitiva del planeta. Hasta los extraños de la esquina son tus parientes espirituales, tu especie, sin importar si están en una esquina del otro lado del mundo o comparten la misma aproximación de tiempo y espacio en un número infinito de posibilidades. Y mientras se desarrolla tu vida, encontrarás que existen algunos "miembros de la familia" con los que te gusta estar (como los verdaderos amigos con los que aprendiste) y otros a los que no querrás ni ver (tal vez te causaron un daño físico). Es normal en todas las familias, ¿cierto? Juntos, como civilización, unidad, familia, como uno solo, se han aventurado dentro de la ilusión y creado su tierra para que sea el patio de juego y laboratorio de su evolución espiritual.

En ella, todos vivirán algunas buenas historias, volverán a experimentar su majestuosidad, se enamorarán una y otra y otra vez, y se divertirán.

¿DE DÓNDE SALEN TODOS?

Mientras asimilas esta información recibes "lo invisible". De inmediato te preguntarás cosas curiosas como: "¿De dónde sale toda la gente?" Pues en teoría la Tierra tenía un millón de personas hace doce mil años y ahora son siete mil millones… y contando. "¿De dónde salieron? ¿No debería ser siempre el mismo número?" O tal vez te preguntes cosas como: "¿Si sólo soy un emisario de mi alma, dejaré de existir hasta mi 'regreso'?"

Pero rápido encontrarás que en esta nueva perspectiva se aclara la vida después de la muerte. Es frecuente que de repente te contestes:

- Como si no hubiera vida en otros planetas (tu primera pregunta inocente).
- Como si no hubieran realidades paralelas y tangentes.
- Como si no hubiera otros sitios que podría "ocupar" (como el ser que ahora soy) hasta mi regreso resplandeciente.
- Como si no hubiera leído y entendido hace un momento que el deseo de regresar como Jane Deer no disuelve a John Doe.
- Como si el tiempo y espacio no fueran una especie de holograma, un sueño multidimensional.
- Y, por último (la gota que derrama el vaso), ¡como si existiera una sola línea de tiempo para poner a todos!

De igual manera verás que la idea de que tu alma te trague y olvide sólo sucede en el mundo finito (y no en el real) de tiempo y espacio, con sus dicotomías de aquí y allá, ahora o nunca, y cosas así.

Este miedo implica que no puedes estar en dos lugares al mismo tiempo, que puedes ser el "tú" que conoces o ser absorbido por tu alma. Pero mezclarse no significa disolverse, no tienes que sufrir la misma suerte que un terrón de azúcar en una taza de té. En el caso de la "reunificación de almas", la personalidad se mantiene intacta mientras, simultáneamente, se añaden todas las demás. Ambas existen, eterna e *internamente*. Después de todo, no existen las cosas externas en términos de la realidad. Incluso ahora que vives tus vidas dentro de Dios, sigues siendo tú.

LAS EDADES DE LAS ALMAS

Como puedes imaginar (a nivel individual, o incluso mejor, a nivel espiritual) este ciclo dentro y fuera de tiempo y espacio tal vez se vuelva tedioso después de diez a cincuenta mil vidas. Alcanzas metas, adquieres paciencia, cultivas empatía y desarrollas una actitud complaciente. Te enamoras y sirves un millón de veces, de manera profunda, apasionada y genuina, así que con el tiempo reflexionas en seguir adelante. Tiene sentido, ¿cierto? No es que tengas que "irte", digo, sólo puedes "irte" si crees en el "espacio".

Te probarás todos los tamaños de sombrero, y madurarás mientras avanzas. Empezarás con un alma bebé (comparada con un bebé humano en términos de falta de conciencia y necesidad de ayuda), confundido y por lo general sin un concepto de qué es correcto y qué no. Madurarás a un alma de niño (comparada con un niño humano), serás deslumbrante, torpe y ansioso de vivir. Entonces te volverás un alma madura (como la de un adulto joven), con sueños y nuevos retos, una vida muy productiva y fértil en sabiduría. Al final te moverás en la fase de un alma vieja (como un anciano sabio y experimentado), reflexivo, tranquilo y muy considerado. Cada encarnación trae consigo lecciones, experiencias, madurez, talentos y encantos ya adquiridos, igual que un adulto mantiene las habilidades de su juventud. Y cuando lo dominas, ya no tienes el mismo interés en las junglas comparadas con las oportunidades nuevas que existen más allá.

No hay una edad mejor que otra, igual que no hay una edad humana mejor que otra. Cada una ofrece sus posibilidades. Todas son necesarias para que las demás existan y tengan significado. Al hacer tu propia historia, por lo general estarás dispuesto a ver la lenta evolución de las masas hacia una vida "mejor" y más refinada, tomando decisiones más sabias centradas en el amor. Tu línea del tiempo no tiene que incluir tu evolución. Esto significa que la primera encarnación de un alma nueva puede ser en el año 125 589 a. C. y la otra en 2014 d. C.

Las edades colectivas

Así como los individuos, también los colectivos maduran. Si te preguntas de qué se trató todo el relajo de 2012, pues resulta que marcó un punto de cambio en nuestra evolución espiritual masiva: pasamos de los últimos y emocionantes años "adolescentes" a la sabiduría de los años "adultos"; un promedio compensado del progreso de nuestra familia de acuerdo con el grado. Claro que algunos individuos crecen más rápido que otros, algunos ganan más en una sola vida que otros en quinientas. Considera también que no tenemos que vivir el mismo número de vidas. Pero en definitiva, aún somos un montón de niños grandes.

Hemos pasado de la fase "¡Soy genial! ¡Ey, míreme todo el mundo!" a la fase de la mañana siguiente: la resaca, el ego lastimado. Entendimos por primera vez que sólo nosotros somos responsables de las consecuencias de cada una de nuestras decisiones. Ahora, al salir de la etapa formativa en la que aprendimos a ejercitar nuestro poder, aprendemos a responsabilizarnos por él. La resistencia mental interna a esta transformación creó (y aún puede crear) confusión física, la cual se manifestó en los cambios en la Tierra y sus revueltas sociopolíticas. Y claro, el clima sigue su curso, como al parecer lo hacen todas las cosas inanimadas. A las personas no les gustan mucho los cambios, en especial si desafían sus puntos de vista sobre el mundo y los llaman a ser más responsables. Entre más grandes sean las tormentas internas de resistencia, más grandes serán las externas sobre el planeta, no como consecuencia, sino como una simple manifestación de la tensión que destilan.

En este planeta de almas recién maduras (no *que* maduran), y también de algunas nuevas y otras viejas, todavía hay mucho drama impartiendo un montón de lecciones. En definitiva, nos estamos moviendo con un ritmo saludable, dados los incontables avances y relativa calma del planeta. Claro, hay un espacio masivo para mejorar y habrá progresos. De esto se trata. Aunque es fascinante especular hacia dónde vamos (algo que ni los muertos saben) lo más importante es honrar con mente y corazón abiertos las oportunidades de perdón que cada día te regala. Piensa en un todo más grande, sigue tus sueños y tómalos en cuenta, pero no al grado de dejar que lo que ya sabes te distraiga de lo que puedes hacer y aprender.

EL ÉXTASIS

Cada vez que regresas "a casa" después de una encarnación, estás preparado para recordar más de la verdad y ver los amplios pliegues de la realidad (por las nuevas lecciones que aprendiste, la diversión que tuviste y la sabiduría que ganaste). Como salir a la superficie después de sumergirte en el agua, cuando tu cabeza emerge, hay aire y sol, y a la vez aumenta tu capacidad de funcionar, pues has regresado a tu elemento. Lo mismo sucede con la muerte. La excepción serían casos extremos de almas jóvenes aterradas, agotadas con su última vida o sus momentos finales y que requieren orientación inmediata.

Los suicidas también se encontrarán con diferentes experiencias, dada la ingenuidad de su decisión de terminar una vida (una de todas). Los suicidas planean de forma meticulosa y se atreven a decidir que quieren terminar "muy pronto", aunque tienen que dejar que todo siga su curso. Debido a su falta de visión y estrechez de mente, por lo general carecen de la facultad de apreciar por completo sus nuevos entornos. Además, en lugar de avanzar a una plataforma más alta, pronto descubren que deben (y en algún momento van a querer) crear nuevas circunstancias, frente a una nueva vida, que les enseñe de una mejor manera lo que se rehusaron a aprender.

Los recién llegados, después de una profunda revisión y reflexión sobre la vida, pasarán a un estado de euforia y claridad mayor que el alcanzado por los que todavía no terminan el proceso de regresar a casa. El sentimiento de perfección es indescriptible. Estás en un lugar:

- Donde se repara todo lo que se rompió.
- Donde se encuentra todo lo que se perdió.
- Donde sana todo lo que se lastimó.
- Donde se suple la enfermedad con salud, la confusión con claridad, la carencia con abundancia.
- Donde se superan todos los miedos.
- Donde se hacen amigos todos los enemigos.
- Donde entiendes que todo lo poco agradable en tu vida ahora es un regalo grande y fabuloso.

Los seres queridos que murieron te darán la bienvenida: fluyen lágrimas de felicidad, los amigos y familiares más queridos de *otras* vidas "llegan", se reconocen y hablan de todos los momentos que compartieron. Estás en un lugar para planear las segundas oportunidades y nuevos romances, donde hay un brillo sublime de gracia que emana de todas las cosas y de todas las personas, donde de verdad descubres lo que significa la infinidad de posibilidades, donde puedes hacer menos para obtener más, y el único sudor involucrado en hacer que los sueños se vuelvan realidad vendrá de bailar toda la noche en la fiesta. Sí, es real. Todo es real. Te mantienes en forma física pero etérea, tu identidad es segura. Aún existen tiempo y espacio, pero no son los mismos en este mundo donde todo es moldeado, perdonado, permitido. Tu mente se volverá loca de alegría con pensamientos como: "¡Ajá!" "¡No te creo!" "¡Tienes que estar bromeando!".

Es como estar en casa, o al menos dar un paso gigantesco en esa dirección. Es aquí donde adoptarás las decisiones para tu vida antes de regresar a la Tierra y aquí verás todo lo que has ganado. Es el reino que buscabas en la Tierra, para el que todos los tiempos y espacios son creados. En él, tú y todos los otros constantemente se esfuerzan para recrear, mantenerse ocupados y vivir a través de las emociones que podrían venir del paseo. Encontrarás que también en este mundo tus pensamientos se volverán cosas reales, PVC, pero de modo más ingenioso y a veces espontáneo. Como todo lo demás, tu nueva manifestación parecerá sacar chispas de amor y brillar con inteligencia. Aquí surgieron por primera vez, y existen en la eternidad a un nivel casi irreconocible para tus sentidos recién descargados, todos tus conceptos de amistad, viajes, comunicación, exploración, curiosidad, aventura, sexualidad y *todo lo que tuviste en la Tierra*. Este regreso a casa te pone en contacto *contigo*, con tu verdadero ser: un ente intergaláctico lleno de amor, felicidad y con orígenes divinos. Entiendes que fue desde esta perspectiva, desde este cenit conocido de tu existencia (aunque aún desconocido para otros) que escogiste aventurarte en la jungla de tiempo y espacio, ¡y supiste lo que estabas haciendo!

> Los sueños llegan con retos, los retos llegan con sueños.

Te encogerás de hombros, preguntarás y quedarás asombrado, primero con incredulidad y después sentirás certeza. Como el agua para los labios sedientos o un destello de luz en la oscuridad, tus sentidos se inundarán de alivio y éxtasis, seguido del anhelo por compartir bondad, belleza y amor con quienes dejaste atrás. Y aunque te sientes cómodo al saber que todo esto te espera, estarás impaciente. Te reflejas en este amor y consideras que lo que ahora sientes siempre estuvo a tu alcance. Sí, aquí es donde te das cuenta. Ahora lo que quieres, más que cualquier otra cosa, es regresar: "vivir" de nuevo, recordar *este tiempo,* ver lo que es tan obvio, encontrar lo que antes perdiste, rechazar las paredes dentro de las cuales otros te quieren "proteger", honrarte a ti mismo, ser fiel a tus sueños, arriesgar tu corazón, enamorarte de nuevo, estar con los que tanto te amaron, caminar descalzo otra vez en el pasto con el rocío de la mañana, sentarte frente a una fogata, contemplar estrellas lejanas, ser una luz para los demás, recuperarte, regresar, sentirte orgulloso de ti mismo… ¡Y nunca dejar de amarlo todo *desde la mente del hombre*! Hasta que se complete el ciclo de encarnaciones, todos querrán regresar, y lo harán.

La vida es tan hermosa, *tu vida* fue tan hermosa. Todo es un regalo, siempre te adoraron. A través del lente que ahora llamas muerte, apreciarás todo esto con más claridad que nunca.

Carta de un ser querido que murió

Alejandro:

Todos están aquí. ¡Todos! Y están felices, saludables y espléndidos.

Tu mamá dice que lo siente. Tu papá dice que está orgulloso de ti. Hasta Gina está aquí y me pide que te diga que aún está celosa porque la dejaste por un hombre... ¡Yo! ¡Jajajaja! Gracias de nuevo, por cierto. No te preocupes, ya lo superó. ¡Y quién no lo haría! ¡Cuando llegas a un lugar como éste todo empieza a tener sentido! Hay abundancia de todo: amigos y familia, colores y texturas, sonidos y aromas. ¿Sabías que sólo hay tres colores primarios en la Tierra porque el tiempo y el espacio son ahí muy planos? Aquí, en los primeros 21 días, que podrían ser mil millones de años, aprendes al menos 42 dimensiones ¡y existen más! Hay cientos de colores primarios ¡Y puedes escucharlos todos! ¿Sabías que los colores tienen números? ¿Y que los números tienen sonidos? ¿Y que los sonidos tienen sabores? ¡Si aquí mezclas los colores correctos, tendrás un helado de arcoíris musical! ¿Ah, y la línea numérica? Va hacia los lados, hacia delante, hacia atrás, en círculos. De hecho, hay "ramas" de cada número, sin importar la dirección, y..., en realidad, tuve que dejar de "descargar información"; estaba arruinando mi nuevo semblante angelical.

¡Te vas a morir (de nuevo) cuando llegues!

Lo único que falta son los desafíos. Están aquí para los que avanzan, pero para el resto de nosotros, que estamos entre una vida y otra, nos hacen falta. Bueno, no tanto. Es increíble que ninguno de nosotros tenga el estrés que nos impusimos durante las ilusiones. Son como unas vacaciones. Todo es tan fácil. Algunos se quedan por cientos de años. No hay horarios. Pero todos deben regresar o avanzar, todos. Y eso es algo raro: no puedes seguir adelante hasta que no estés bien con regresar. Moverte a través de las junglas significa estar en paz con ellas, contigo mismo. Entiendes esto cuando aprendes a encarar los retos, cuando te das cuenta de que eres más grande que cualquier cosa en la que crees o encuentras ahí. Esto no lo puedes aprender, desde luego, a menos que regreses porque no hay retos aquí. ¿Ves lo que digo? Es irónico que el aburrimiento en la vida no sea un signo de paz, pues no tienes suficientes retos. Por lo general, las personas felices, ocupadas y cómodas con la sociedad son las que están más cerca de avanzar.

¿Sabías que si no fuera por los desafíos, no valdría la pena tener la vida como la conocemos? Si en cada vida escoges nacer más sabio, tener padres amorosos, coeficiente intelectual y emocional altos, ser guapo y popular, tendrás diversión para un rato (en especial si tuviste una vida desafiante), pero después de un tiempo vas a querer más, a quererlo todo, no sólo lo externo, también la pasión. Te darás cuenta de que obtienes más si empiezas de menos.

Lo anterior no significa que tengas miedo o te sientas mal con una vida de grandes logros, sino que debes crecer. Es a dónde te llevan los sueños y por qué los tienes. Los sueños llegan con retos, los retos llegan con sueños. Los parámetros que inician cada vida son escogidos por esas razones. Dicho de otro modo, las vidas son escogidas por los retos que representan, por los sueños que te gustaría tener. Algo así como lo explicaría tu papá, ¿no?

Alejandro, te quiero tanto. Mis sentimientos son indescriptibles y casi no puedo con ellos, pero la luz de aquí me da soporte, así que aunque mi corazón está lleno de amor hacia ti, no podría ser más feliz. Sé que estaremos juntos de nuevo, para siempre, que estamos conectados y que tú y yo y todos los demás conocerán el éxtasis de ser esto que ahora me ha superado.

Aquí es hermoso, muy hermoso, pero también allá, y te veré pronto. En lo que compartimos la misma vibración de nuevo, *mon chèri*, sé feliz. Sin importar lo que sea, lo que necesites, con quien sea, sé feliz. Sigue tus sueños, enfrenta tus miedos, y continúa todos y cada uno de los días. La felicidad es mi único deseo para ti. Estoy tranquilo de saber que la tendrás.

Tu guapo salvaje.

Freddy

ESPERA UN MOMENTO

¡Todo es tan glorioso! ¡Tanta paz, armonía y belleza! ¡Tanto amor! Nunca hay *nada* que temer, para ti o para los que extrañas. ¡Los muertos queremos que sepas esta "cosa" de la *vida*! Pero, aunque acabas de llegar de las junglas y no importa qué tan sublime es la vida después de la muerte, de seguro querrás preguntarle a tu comité de bienvenida la mayor contradicción (aparente) de todas: ¿Por qué *en la Tierra* le pasan cosas malas a la gente buena? Esto lo responderán los muertos en el siguiente capítulo.

Capítulo 8

La vida es más que justa

El entendimiento es el elixir de la vida, el ungüento relajante que seca lágrimas y borra arrugas. Nadie es juzgado por su falta de visión, pero ésta afecta. En cambio, los iluminados (más allá de ser el estereotipo del ermitaño) pueden correr más rápido, brincar más alto y tener más amigos, risas y abundancia. Por eso la alegre urgencia de los "muertos" para ponerse en contacto contigo y darte el conocimiento que te tranquilice e inspire.

El sabio no se siente triste cuando alguien se va, incluso si implica días o vidas enteras de ausencia. Sabe que pensar en una persona es estar con ella, siempre que el creado entre los dos haga posibles nuevas aventuras. Sabe que cualquier separación que los ojos perciben es una mentira. El profeta no siente ira por la traición. La vio venir. Entiende que para algunos la necesidad de ser reconocidos puede ser mayor que su deseo de servir. Y también sabe que su propia felicidad y su mayor misión no dependen del comportamiento de otros. El místico no culpa ni busca fallas en los demás porque, al verse como Creador en un mundo de ilusiones donde nada pasa por casualidad, sabe que todo dolor es autoinfligido y la vida es justa, aun cuando las circunstancias no lo sean.

> La Inteligencia divina nunca dijo: "Oye, lo lamento, la Tierra es enorme, no puedes tener justicia *todo el tiempo*".

¿POR QUÉ LE PASAN COSAS MALAS A LA GENTE BUENA? Considera el esplendor de todo, miles de millones de soles, cien millones de especies exóticas, el esplendor de una simple manzana... ¿Te parece que la "mente" detrás de todo creó medidas o mecanismos para que no sucedan cosas inesperadas, sin sentido y malas? ¿Al menos para la *gente buena*? Como un collar de perro "para no ladrar" (cosa espantosa). ¿Qué pasaría si la gente recibiera una descarga eléctrica antes de pensar, decir o comportarse de manera hiriente con los demás? ¿Funcionaría?

¿La fealdad es el precio de la belleza? ¿La violencia es el precio de la paz? ¿El odio es el precio del amor? ¡¿Eso tiene sentido?!

¿O tal vez —como nos enseñaron las religiones— la maldad existe por sí misma? ¿Es como una nebulosa en la Tierra o una fea mezcla de energía, con voluntad e inteligencia propia, acechando en el paraíso como una cucaracha en la cocina de Dios? Está alimentada y sustentada por... bueno, a nadie se le ha ocurrido preguntar. La maldad no tiene la capacidad de acabar con todas las cosas buenas, pero corrompe y es lo bastante invencible para mantenerse ante *"Dios"*.

¡¿Tiene sentido?!

¿Acaso estas ideas son remotamente posibles si consideras...

- ...que hay pájaros cantando para oídos que pueden escucharlos cada hora del día y la noche?
- ...que hay criaturas que se lanzan, hacen piruetas y saltan sólo porque es divertido?
- ...que hay "amigos peludos" que aman con *mucha sinceridad*?

• …que hay flores tan exquisitas cuya única explicación son unos ojos complacidos?

De hecho, estos esplendores deberían probar que vives en el cuento de hadas más mágico jamás imaginado, sin necesidad de que exista un coco que nos asuste, ¿no lo crees?

La Inteligencia divina nunca dijo: "Oye, lo lamento, la Tierra es enorme, no puedes tener justicia *todo el tiempo*".

REVISA TUS SUPOSICIONES

¿Pudo ocurrir algún descuido celestial? ¿Algún error? ¿Las cosas giraron tan fuera de control que ahora la Tierra existe en un rango de probabilidades que lo Divino nunca previó?

O tal vez, hablando de manera hipotética, la pregunta "¿por qué pasan cosas malas?" tiene fallas. Tal vez la suposición de que ocurren es errónea. Lo que significaría que no pasan cosas malas, que todo tiene sentido, que la palabra "inesperado" sólo significa fortuito, no aleatorio.

Bueno, ¿tiene sentido? ¿No crees que en *el* Reino, en la Casa de lo Divino, con el esplendor y orden que ves por todos lados, hay significados de valor y un propósito constructivo detrás de todo lo que ocurre? ¡¿No te parece lógico?! Si no fuera por las innumerables evidencias, ¿habrías esperado algo repulsivo en la cocina de Dios? ¡Claro que no! ¿Estás de acuerdo?

¡*Esto* tiene sentido! Tu glorioso bastión de perfección, tu esmeralda flotante enclavada en la Vía Láctea, es un Jardín del Edén listo para usarse desde el primer día y para siempre ¡Tiene sentido! Ahí todo tararea, destella y resplandece, ronronea, se balancea y acaricia, ama, es adorable y servicial. ¿Acaso no es eso lo que esperarías de lo Divino? ¡Vaya, aleluya!

Con tantas cosas que ahora tienen sentido, veamos más de cerca las evidencias que parecen contradictorias.

El agua busca su nivel

De seguro a estas alturas estás de acuerdo con la idea de que los pensamientos se vuelven cosas. Tal vez no completamente convencido, pero cerca.

No tienes que ser un *hippie* para entender qué significan y cómo funcionan las "vibras energéticas" de las personas. Cuando piensan y se sienten cálidas y difusas, comienzan a "vibrar", y eso atrae situaciones, gente, etcétera, cálidas y difusas. Lo mismo pasa cuando piensan y se sienten negativos y enojados: "vibrarán" de forma negativa y furiosa, y esto atrae algo similar, ¿no? También puedes comparar las "vibras" de alguien con sus pensamientos, creencias y expectativas (por lo general sólo digo pensamientos) sobre un tema en particular.

Creo que ya vas adivinando hacia dónde va todo esto, pensamientos positivos crean manifestaciones positivas, igual que pensamientos negativos crean cosas negativas… Y, por lo tanto, todo en la vida es justo. ¡Ohhh! Ya que esta declaración es muy generalizada, en especial en el ir y venir en el mundo suele no percibirse *cómo* funciona.

Caso de estudio # 1

Tomemos a una persona gloriosa y positiva cuyas vibras energéticas financieras corresponden a tener 450 000 pesos en su cuenta de ahorros. Éste es un ejemplo muy simple con fines ilustrativos. En la actualidad, nuestras vibras nunca son muy exactas, oscilan con frecuencia reflejando cambios en nuestra visión del mundo, prioridades, creencias, en nuestra reacción ante la economía, tendencias y un caleidoscopio de otros criterios cambiantes. Considera que nuestra vibra financiera en realidad nunca es un número en el que pensamos, sino la convergencia de todos nuestros pensamientos. Éstos guían de manera directa e indirecta nuestro valor financiero neto, numérico, material, espiritual y demás.

Con vibras atadas a 450 000 pesos, sin importar lo que sus pensamientos le permitan alcanzar en su vida, siempre regresará a su cuenta de ahorros con dicha cantidad. Esto se logra de la manera en que todas las manifestaciones suceden, a través de un cambio de circunstancias ininterrumpidas y a veces imperceptibles que mantienen el balance en 450 000 pesos.

Ahora, si la persona cree que es vulnerable a las circunstancias, que la vida es difícil y es duro salir adelante, puede manifestar sin querer un techo con goteras que le costará 180 000 pesos. Con el paso del tiempo, sus otros pensamientos sobre la velocidad de acumulación de riqueza y su oportunidad de obtenerlos se alinean y entonces si sus vibras se mantienen en 450 000 pesos, los 180 000 regresarán a él. Tal vez como un regalo, una devolución de impuestos, bonos de empleo, comisiones, un boleto de lotería ganador o, lo más común, una combinación de entradas de dinero. Para él, el costo de la reparación y la gradual recuperación no tendrán relación, pero sus pensamientos y sus vibras guiaron a ese resultado.

Funciona igual en sentido contrario. Imagina que a esa persona le llega una entrada inesperada de dinero, por ejemplo, otros 375 000 pesos de una herencia, pero sus vibras siguen en 450 000. Entonces, la entrada de dinero se desvanecerá con el tiempo por gastos, generosidad, reparaciones, malos hábitos, errores o lo que sea que se ajuste en su visión del mundo, dejándolo otra vez con 450 000 pesos.

Nada malo ni nada bueno pasó. Sólo pensamientos volviéndose cosas bajo el disfraz de transformar circunstancias con vibras energéticas.

Las matemáticas (creencias) detrás de cada manifestación
Estos ejemplos monetarios simples te ayudan a entender cómo se crea un cambio, pero el proceso de *vibra* + *acción* = *experiencias*

de vida gobierna cada experiencia de todas las vidas dentro de las junglas.

Salud, entendimiento, seguridad, motivación, creatividad, niveles de energía, pérdida o ganancia de peso, amistades, socios, paz, dolor, negocios, juegos, ¡incluso la genialidad de las fotos! Todo, todo, todo, todo, todo, *todo*. A pesar de que tuviste niveles de amor estándar, dicha, salud y puras cosas buenas cuando naciste, puedes pasarlas por alto con creencias contradictorias. Tus creencias derivan en pensamientos parecidos, y después, conforme vivas tu vida (lo que significa acción), esos pensamientos darán vueltas en tu cabeza convirtiéndose en las cosas de tus experiencias. Tu vibra energética es poderosa *porque* inspira los pensamientos para transformarlos en cosas:

Creencias ➡ Vibra energética ➡ Pensamientos y expectativas ➡ Acción ➡ Coincidencias, accidentes, casualidades ➡ Reacción ➡ Manifestación combinando pensamientos y expectativas ➡ (REPETICIÓN como una ola de creencias evolucionadas y mezcladas para generar una visión del mundo con creencias reforzadas).

O más simple:

Creencias ➡ Vibra ➡ Pensamientos ➡ Circunstancias ➡ Cosas

O mucho más simple:
Los pensamientos se vuelven cosas.

RIMAS Y RAZONES

Una característica de las creencias es que inspiran o apagan la imaginación (los pensamientos) de su creyente, permitiendo o evitando el nacimiento de nuevos mundos.

No importa *por qué* crees lo que crees, lo ilógico o lógico que sea, prudente o imprudente, conservador o agresivo, altruista o egoísta…, para las manifestaciones, es suficiente con creer. Claro, como lo mencioné, hay una delicada necesidad de que las creencias personales estén en sintonía con las de la multitud dominante de la época, pero por tu presencia aquí y ahora, significa que ya son tus creencias también (regresa al capítulo 3, "Ya estábamos listos").

Todo lo que importa es que la creencia exista (creando la vibra), que no se contradiga con otras (conocidas o desconocidas) y que el creyente la muestre al mundo (realizando acción de manera física). Por lo tanto, estará disponible para una vasta red de coincidencias, accidentes y casualidades potenciales. Además, gracias a tu tendencia al éxito y tus niveles preestablecidos de dicha, salud, claridad, amigos, abundancia y todas las demás cosas buenas, que no te inquiete demasiado que te preocupes, ¡es normal! Sólo haz lo que puedas con lo que tienes desde donde estás, mientras entiendes la verdad sobre tu realidad y tu herencia divina… y pronto te volverás imparable. Seguirán los retos, pero cada vez serán más y más entendidos, como regalos que revelan atajos para salir adelante.

> Que no te inquiete demasiado que te preocupes, ¡es normal!

A veces parece que tus esfuerzos son inútiles… Lleva tiempo que el péndulo se mueva. Pero siempre lo hace. En el caso (poco probable) de que las circunstancias eviten que se balancee de nuevo, siempre y cuando la energía se mantenga, los resultados aparecerán en la siguiente vida: el *fenómeno* del karma. Por ejemplo, considera al buen samaritano educado y amigable que vive en una casita con un jardín muy arreglado. Con frecuencia recoge la basura de otras personas en el vecindario. Ya sea que comience o no a experimentar y dejarse llevar por la gente con el mismo pensamiento de hacer el bien en esa vida, su vibra no cambiante lo *llevará* a esas personas, comunidades y mundos en vidas subsecuentes.

De manera similar, los combatientes militares que creen que la gente es brutal, violenta, y malvada, que creen vivir en un mundo donde matas o te matan y que la violencia se puede justificar cuando los ideales de alguien son superiores a los de otra persona, seguirán siendo atraídos hacia esa gente, comunidades y mundos en sus futuras encarnaciones, hasta que cambien su forma de pensar. Su vibra creará circunstancias que los enfrentarán (que los atraerán) a personas que piensan como ellos, confirmando de manera total e indudable sus creencias. Tales ciclos se repetirían toda la eternidad si no fuera por tu bondad inherente, tus posibilidades de éxito y los niveles preestablecidos mencionados con anterioridad. Todo esto es suficiente para corregir cualquier lista de embarque, trayendo a todos de vuelta a la iglesia de la verdad.

A veces parece que otros pueden agregar o tomar lo que tienes o eres, pero al final de cada "día", lo que tienes y eres resulta de *tus* pensamientos, creencias y expectativas. Éste es el juego del tiempo y el espacio, donde tomas de los demás lo que vaya con tu vibra buena (o mala). Hasta ahora, las coincidencias y casualidades desagradables (que en realidad sólo te ponen en una posición para futuras manifestaciones de lo que has estado "sembrando por ahí") se ven fuera de contexto, por eso las consideras "malas".

¿Muy fácil? ¿Ejemplo para niños? Aún hay más.

TÚ LE PASASTE A LA VIDA

Para crear un mundo físico que corresponda a todas las vibras que posees, *la vida pasa*. Lo importante ahora es entender que tus vibras vienen primero.

De hecho, es correcto decir que *tú le pasaste a la vida* y después la vida responde. *Tú* llegaste primero, ¿recuerdas? Tú eres la razón de las junglas y de que el sol salga cada día. Tú eres el Creador. No el único Creador, pero sí el epicentro de la energía que provoca las manifestaciones en tu vida. La vida, a propósito, no es 10 por ciento lo que haces y 90 por ciento cómo lo tomas, ¡es 100 por ciento lo que haces!

Claro, apenas estás despertando, por lo que habrá sorpresas en el camino, sorpresas que creaste sin darte cuenta. Y en tales casos, paséate con ellas por todos los medios posibles. Los por qué y los cómo tendrán sentido muy pronto. No llegues a conclusiones cuando algo te tome por sorpresa, para bien o para mal, ya sea un diagnóstico o una propuesta de negocios. Es importante que lo aceptes, pero no con la visión de que tienes menos poder ante eso. Pensarlo hace *que lo seas*. No puedes ser más poderoso de lo que ya eres. Sin embargo, si piensas que lo siguiente:

- La vida te sucede a ti.
- Las cosas al azar pasan por mala suerte, sin ninguna razón o propósito.
- Cualquiera puede ser una víctima.
- Otras personas son la causa de tus experiencias.

Entonces, debes creer también que tus junglas sagradas son producto del polvo cósmico que colisionó hace miles de millones de años. Seguro crees que aterrizaste por azar en un cuerpo cálido de agua sólo para vencer las probabilidades y obtener branquias, aletas y la inteligencia suficiente para evolucionar en criaturas que caminan, se ponen de pie y, para finalizar, ¡usan tacones!

En vez de eso, si abrazas la verdad:

- Tú le sucedes a la vida.
- Todo pasa por una razón.
- Eres intocable por otros.
- Tú eres el creador de tus experiencias.

Y entiendes cómo funciona la vida y estás seguro de tu tendencia al éxito. Así, cuando algo inesperado sucede, sólo lo tomas con calma, sabiendo que en la vida a veces hay que retroceder un paso para dar muchos más hacia delante.

LAS MEJORES NOTICIAS

Entonces, olvidando lo que parecen las cosas (ya que las apariencias son producto de pensamientos, creencias y vibras), la persona que consigue o pierde un millón de pesos lo hace por sí misma, ya que el mundo exterior es un espejo del mundo interior. Esa persona mantendrá el dinero, lo hará crecer o lo perderá dependiendo de la vibra energética financiera que mantenga. Cada golpe de suerte, sea bueno o malo, cada suceso afortunado o desafortunado, cada vuelta en tu vida, *sin importar quién más* está involucrado y qué rol desempeña, es creación tuya. Para finalizar, al tener este conocimiento, ¡cualquiera puede cambiar su "suerte" a voluntad!

> No es 10 por ciento lo que haces y 90 por ciento cómo lo tomas, ¡es 100 por ciento lo que haces!

Caso de estudio # 2

Usaremos otro caso financiero hipotético, de nuevo con propósitos ilustrativos simples y cuantitativos, aunque funciona de la misma manera con el amor, la salud, la felicidad o cualquier cosa que tu corazón desee. Imagina a un empresario millonario con un valor neto (vibras financieras) de 15 millones de pesos. En un año, gracias a pensamientos positivos poco característicos, sobrepasó sus metas y proyecciones e incrementó su valor neto a 25 millones. *Si su vibra se mantiene sin cambios en 15 millones*, los 10 millones extra con el tiempo se "desvanecerán". En este ejemplo de creencia, digamos que el extra es "robado" o "perdido". Aunque haya un indiscutible "chico malo", digamos un ladrón, la verdadera causa de la reducción de su valor serían sus vibras bajas, ¡no el chico malo! La "víctima" y el "ladrón" se atrajeron el uno al otro porque ambos creían en y necesitaban al otro para conseguir manifestaciones que emparejaran sus vibras correspondientes.

Así es como se hizo *cada* fortuna y es la forma en que las personas experimentan cosas maravillosas. Primero, hay alguien que cree "me podría pasar a mí", "soy lo suficientemente listo", "lo merezco", "Dios me favorece", "pagué mis deudas", "las hojas de té me dijeron que seré rico"… De nuevo, lo racional es irrelevante. Segundo, la persona que no sólo afirma creer sino que verdaderamente lo hace, sin contradicciones y demostrándolo de manera tangible con legitimidad o ilegitimidad, según sus mismas creencias, es la que amasa una fortuna.

Irritante, ¿no lo crees? Al menos al principio. Deja atrás todas las excusas, eso ¡te da poder! ¡Qué emocionante! ¡Fantástico! ¿Qué podría ser mejor? ¿Qué podría ser más fácil? ¿No te gusta tu suerte en la vida? ¡Cámbiala! Piensa en ella, siéntela, espérala y prepárate para quedar pasmado.

Piensa que nada de esto, como dije antes, excusa el pobre comportamiento del "chico malo". No significa que no deba ser criminalizado. Una estafa tampoco debe ser vista como un castigo ni la "víctima" considerada culpable, como leerás pronto.

No importa qué tan feo

Todas estas ideas pueden ser insultantes o dolorosas al principio, dependiendo de qué tan lejos te lleven tus creaciones en esta vida. Resulta que la verdad es tu salvación. La verdad restaurará tu poder y te dará esperanzas renovadas. Y, por favor, considera que este libro es sólo el mensajero. Soy como un doctor que explica el sida, no lo justifico ni respaldo, tampoco niego que sea una enfermedad horrible, sólo la explico. Es lo mismo con estas sencillas explicaciones de lo inflexible, son logísticas sin prejuicios detrás de todas las creaciones en el tiempo y el espacio. No existe un villano inocente y reitero que está mal que perjudiquen a otros, sin importar las circunstancias del momento. Aun así, las conclusiones de cómo se desarrolla la vida en realidad son asombrosas y opuestas en su totalidad a la "antigua" visión de todos los que han vivido.

Es muy fácil, y políticamente preferible, creer que hay gente mala haciendo cosas malas y que será castigada en el infierno toda la eternidad por el demonio que los incitó. También es más fácil creer que fuiste víctima de otras personas que se aprovecharon de ti, a creer que fuiste víctima de tu propia ingenuidad o curiosidad. Al menos era más fácil creer tales explicaciones, pero ahora estás despertando y ya no hay vuelta atrás.

No hay gente malvada, sólo gente perdida que hace cosas malas. También hay gente enferma, retorcida, trastornada. Hay muchas y muy diferentes personas, y todas comenzaron un viaje como tú: una "partícula de Dios" buscando su camino a través de las junglas del tiempo y el espacio. Cada una tenía buenas intenciones, pero estaba tan confundida en el tiempo y el espacio que se comporta de manera horrible. La diferencia entre ellos y tú se podría reducir a que tú has vivido miles o decenas de miles de vidas más que ellos; considera que pueden ser verdaderos bebés, aterrados por completo, sin otros mecanismos de defensa que odio, ira, desprecio, manipulación, extorsión y violencia. No es como si en la vida todo se mantuviera igual. Nada es siempre igual.

Todos, incluso quienes están perdidos, necesitan amor, ayuda, orientación, paciencia. Sin embargo es muy probable que si se alejaron mucho de la verdad, esta vida no será suficiente para que encuentren equilibrio y claridad. No estarán a salvo, ya sea de ellos mismos o de otros que de igual modo piensan que el mundo está lleno de maldad. Necesitarán rehabilitación, sería ideal que fuera en un ambiente que los apoye y eduque, pero si la sociedad cree que esto está fuera del alcance, de manera emocional o financiera, las prisiones e instituciones tendrían que ser suficientes.

Deja sufrir a los niños

Sin importar cuántas vidas lleves en las junglas, todos somos antiguos gladiadores de amor y dicha.

De igual manera, sin importar la edad física de la gente o la de un niño en el mundo, tienen *antigüedad*. Y las razones para sufrir son innumerables.

Cuando cosas horribles le pasan a la vida más inocente:

- Tal vez, sólo tal vez, es porque un antiguo gladiador carga con asuntos sin terminar de una vida anterior.
- Tal vez se puso a sí mismo en un "escenario" alrededor de ciertas personas para que otros no tuvieran que hacerlo.
- Tal vez al principio hubo una oportunidad de prevenir el suceso, pero escogió estar involucrado.
- Tal vez, sin importar qué tan breve fue su estancia en otra vida, consiguió lo que quería y, como le parece un final triste jugar un rol tan pequeño, regresó por sus sobrevivientes, permitiéndoles vivir a través de sus propias decisiones.

• Tal vez hubo múltiples razones para lo acontecido, una de las cuales estaba recibiendo atención de los demás (miembros de la familia, seres queridos, una nación o el mundo entero), de modo que otras atrocidades similares pudieron estar expuestas y terminaron.

En cualquiera de los casos, ¿no te parece que la "víctima" sería un poderoso héroe?

Por favor, ten paciencia. Son ideas tumultuosas porque no tenemos mucho tiempo. Todavía hay más información que te ayudará con estos conceptos radicales. Mientras tanto, no hay duda de que cosas horribles y espantosas suceden en el tiempo y el espacio, y a pesar de que intentes entenderlas, no será posible sólo con tus ojos. Abre tu mente y tu corazón, recuerda que aunque las circunstancias puedan ser injustas, cuando las observas en un contexto mayor descubres que todo el tiempo estuvieron presentes la intención, la sanación, el orden y el amor.

> Ahora estás despertando y ya no hay vuelta atrás.

La culpa: ¿más "culpa para la víctima"?

"Entonces, ¿las personas que se tropezaron, cayeron, fueron lastimadas o victimizadas son culpables de lo que les pasó?"

Otra vez nos encontramos con el síndrome de "culpar a la víctima". Esto sucede con frecuencia cuando la verdad se revela a los ojos que han permanecido cerrados durante mucho tiempo. Dichas palabras suponen algo que no aplica. La culpa no entra en la ecuación para entender que tú eres un eterno Creador que escogió enlistarse en la escuela de Creadores.

Piensa en un niño cuando aprende a dar sus primeros pasos. Obvio, se tropieza y cae. ¿Hay que culparlo? ¿Es su error? Seguro podrías contestar que sí a ambas preguntas, pero ¿lo harías? ¿Entiende la esencia de lo que está pasando? ¿O estas respuestas son negativas e inapropiadas? Es más, ¿dichas palabras no caracterizan el incidente como si fuera una historia en vez de un proceso? ¿Cómo si fuera un destino y no un viaje?

Cuando los padres dicen: "¡Mira, nuestro bebé está aprendiendo a caminar, acaba de dar sus primeros pasos!", no hay conclusiones erróneas. No culparías al pequeño por tambalearse y caer, ¿o sí? Este análisis va más allá del "vaso medio lleno o medio vacío". Tu nueva perspectiva reconoce que hay un proceso en desarrollo (aprender a caminar) que es más grande que cualquier paso o resbalón que suceda en él, un proceso que elevará al iniciado a nuevos campos de movilidad, aventura y aprendizaje. De hecho, el vaso está por completo lleno: mitad agua y mitad aire.

La vida en las junglas es un proceso. Te guía a una aventura y un crecimiento tan importante y espectacular que no se puede entender con ilusiones. Aun así, esa vida es suficiente por sí misma y (sin importar qué tan maravillosas sean las promesas de aventuras por venir) el presente es lo bastante grande para que empecemos, de inmediato, a tener más diversión y a vivir una vida más feliz. Estás inscrito en la escuela de los Creadores, pero lejos de estar en el Harvard del universo, es más como el kínder, con amigos risueños, excursiones diarias y estrellitas en la frente sólo por asistir. No te enfoques en lo feo, sino en lo bello, no en lo difícil o complicado, sino en lo fácil y divertido. Arcoíris, mariposas y copos de nieve cayendo. Bondad, abrazos y besos. Delfines, lavanda y Beethoven. Guiños, confianza y manos entrelazadas. Saltos, brincos y juegos. Maestros, amigos y ayudantes. Nadar, salpicar y arena. Romance, ternura y regalos.

¿LA VIDA ES JUSTA?

La vida es como una pesadilla. La creaste por una razón (lecciones y aventuras) y tiene significado, orden y propósito. Pero se te olvidó lo que estabas haciendo porque sólo con creer (por un segundo) que es real podías aprender sus lecciones y secretos. Todo está bien, y una vez que el sueño acabe, tendrá sentido por completo. Verás que se equilibra sobre la marcha. No dejes que las secuencias en tiempo lineal o apoyos rígidos te engañen: las secuencias siguen una intención, las formas cambian cuando parpadeas y el pasado se rehace a cada momento. No, nunca lograrás llenar tu cerebro con todo esto, pero no tienes que hacerlo para sentirlo. Para dejar de ser la víctima, muévete y elévate.

Tus sentidos físicos casi no ven nada de magia, amor o las razones de los milagros involucrados en cada momento de tu vida. Pero tienes otras facultades a tu disposición. Tienes sentidos internos: intelecto, intuición y sentimientos. Úsalos para descubrir las mentiras. Encuentra las verdades que te liberarán y te darán alas, incluso mientras te detienes en la Tierra un rato más. En ese lugar:

1. No importa dónde has estado, te servirá.
2. Ni siquiera importa dónde estás ahora, porque donde estás no define lo que eres.
3. A partir de hoy, empieza a tener nuevos pensamientos, palabras y acciones. Genera una vibra distinta que guíe tu propia "suerte, accidentes y casualidades": te impulsarán hacia delante, más alto, más rico y más feliz. ¡Yujuuu!

De hecho, querido lector, *la vida no es justa,* pero, increíblemente, las cartas están a tu favor.

Carta de una persona que murió

Estimados oficiales de la lotería:
Una disculpa por todas las cartas desagradables que les envié, ¡creo que fue una diaria durante un buen tiempo!

Ya lo entendí. No tuve mala suerte. Y es claro que el racismo no fue un factor.

Los pensamientos se vuelven cosas. Las emociones me gobernaron. Su intensidad y las expectativas son los factores decisivos que atraen las posibilidades de los apoyos y sucesos de la vida. No importa cuántos boletos compre una persona, a menos que incremente sus expectativas de ganar. Las estadísticas sólo miden el pasado, no el futuro. Y lo necesario para vivir la vida que uno imagina se logra a través de victorias, derrotas, inspiración, dudas, mejores amigos y enemigos, todo ello conviviendo en un mundo físico.

¡Vaya!, creía que podía ganar. No habría comprado los boletos si no fuera así. Me visualizaba cada noche antes de dormir, ahí nacieron esos mundos. Pero ahora veo que, a veces, la diferencia entre tener y no tener son las otras creencias que ignoramos que están en nosotros. Como pensaba que el mundo era injusto, que el dinero no era espiritual (aunque por otro lado me esforzaba por ser espiritual a pesar de mis cartas desagradables), esa vida fue una prueba, en la que Dios decidió lo que cada quien obtendría; pensó que no merecía ganar, tener dinero o ser feliz...

Es gracioso como ahora, desde aquí, veo dinero en todos lados, en el tiempo y el espacio. Todos lo tienen. Incluso yo lo tenía, pero por enfocarme en todo lo que me faltaba, me sentía pobre. Y los sentimientos de vacío tienden a perpetuarse mientras reorganizan nuestras vidas para alinearse con dichos sentimientos. Es una rara maravilla que no pudiera mantener nada de valor, a pesar de que era más positivo de lo que ahora pienso que era.

Desde aquí no puedo ayudar, pero sí avisar a mis amigos cómo atraer riqueza a sus vidas al hacer la más simple de las cosas: ¡conseguir un empleo! ¿En serio? Cuando estaba vivo, ése habría sido el último lugar donde habría buscado. No importa si trabajan para ellos mismos o para alguien más. "Trabajar", sin lugar a dudas, es la forma más rápida y fácil de abrir las puertas financieras. ¿Quién lo diría? Trabajar con inteligencia, hacer preguntas, llegar temprano, quedarse hasta tarde y, a pesar de las apariencias, obsesionarse con lo que es correcto, con quién eres y con lo que has hecho, y no sólo en puestos elegantes con títulos largos, rimbombantes y un montón de educación. Si se fijan, la gente que por lo general gana más, no tiene nada de eso. Vamos, mira a tu alrededor y verás que es verdad.

Es gracioso cómo yo y muchos otros solíamos pensar que el truco más fácil y rápido para hacer dinero era ganándolo, sin darnos cuenta de que hay trucos más fáciles y rápidos, por ejemplo, *sólo vivir tu vida y divertirte*. ¡Pum! Todos son un imán de dinero cuando están felices. Tratar de ganar una fortuna como si sólo hubiera una forma de llegar a ser rico es un camino rápido hacia el aburrimiento y la miseria, incluso si lo logras.

Ser feliz te hace un imán de todo lo demás. De hecho, desde aquí podemos ver que la gente feliz en verdad se guía por su dicha, por eso tiene sueños con los que bailan, moviendo y haciendo del mundo un mejor lugar cada día. Ni siquiera piensan en el dinero para tener dinero, en salud para tener salud, en amigos para tener amigos, en claridad para tener claridad, en oportunidades para tener oportunidades… todo les llega porque la felicidad que sienten se inmortaliza por sí misma. No se trata de "ser feliz sin razón" sino de "ser feliz por un montón de grandes razones". Su vibra evoca circunstancias, nuevos amigos, dinero, confianza, inspiración y todas las cosas necesarias para continuar siendo felices según definen la felicidad. Claro, los pensamientos se vuelven cosas, pero los pensamientos de felicidad se vuelven cosas buenas, eso implica la verdadera felicidad. ¡*Wow!*, amigos de la lotería, esto es grande. La vida no sólo es justa, es más que justa, es un banquete interminable para los que viven con la verdad.

Nada es lo que parece en el tiempo y el espacio, en particular para aquellos con prisa. De forma invariable, el atajo resultará ser la ruta larga y el camino fácil implicará ser el difícil; en cambio, el camino que parece lento y complicado no lo es. De ahora en adelante escogeré el "camino feliz" y entonces el tiempo no importará.

Bueno, oficiales de la lotería, ustedes me enseñaron mucho. Demasiado. Me siento como un ganador ahora mismo. Y de nuevo, espero que mis cartas anteriores no enfriaran su espíritu, tanto como espero que esta carta no dañe sus ventas.

¡Hay que ir por lo grande!

Jethro

Observa mejor, sana más rápido, duerme bien

Hay poco descanso para la mente cansada, en especial para los que sufren por el pasado o sienten el dolor de otros lastimados por el mundo. Estas palabras no pretenden negar o minimizar sus experiencias. Sólo ofrecen el conocimiento para que se entiendan mejor mientras otorgan comodidad y se mueven al límite de las posibilidades para las futuras manifestaciones de dolor.

Observa mejor. Busca con entendimiento. Ayuda a otros a recuperar su poder. Ayúdate a ti mismo a hacer lo mismo. La vida está esperando. Eres bendecido. Domina las junglas y encontrarás un mundo ansioso por llenarte cada taza, cofre y tina.

Hablando de junglas conquistadas, aquí las tenemos. ¿Y adivina quiénes son los reyes y reinas ahora? Sigue leyendo.

Capítulo 9

Tus mascotas siguen tan locas como siempre

¿Ya te lo esperabas?

Si cosas como el cáncer son en realidad regalos que cambian tu vida, si los contratiempos te preparan para la grandeza y si hasta la "muerte" es el punto de encuentro para los seres que se aman... ¿No crees que lo Divino ideó algo impresionante para tus compañeros peludos? También son partículas de Dios iluminadas de amor, son tus mejores amigos de toda la vida y del más allá.

Hay más. Fido y Fifi no sólo existen para amarte. Su presencia en tu vida es una invitación para amar como no lo habrías hecho en otras circunstancias, a la vez que te enseñan lecciones de compasión, tolerancia, paciencia o lo que te haga falta. No están para evaluarte. Al contrario, conforme creas tus propias pruebas mediante equivocaciones, estos amigos pueden ayudarte a sortear la tormenta.

Sabios son los caminos de lo Divino. No sólo por preparar los giros y vueltas que da tu vida, como hemos dicho *(tú haces eso)*, sino por crear las junglas donde todo tiene profundidad y significado. Todo esto te enriquece cada vez más y, por consiguiente, a lo Divino mismo, incluyendo las mascotas.

> Las pérdidas sólo son devastadoras cuando piensas que son permanentes. Nunca lo son.

Por eso, si estás sumergido en las ilusiones, te sientes devastado, afligido y con una profunda sensación de pérdida cuando tu pequeño compañero de vida se va. Dios también vino y se marchó de tu vida, o eso parece. Sin embargo, las pérdidas sólo son devastadoras cuando piensas que son permanentes. Nunca lo son. Tus seres queridos, los peludos y los demás, están aquí. Tan felices como siempre. Y estarán juntos otra vez para quererte todavía más. Nada se ha perdido, sólo se gana. Ya lo verás. Los "muertos" también quieren decirte esto.

La conciencia animal

La principal diferencia entre la conciencia animal y la tuya es que no tiene habilidades autorreflexivas. No son tan conscientes de sí mismos como tú. Por eso, en general, no tienen expectativas ni juicios. Es decir, no les preocupa en absoluto el pasado ni el futuro. Esto les permite concentrarse en el presente casi de forma exclusiva. Sus instintos bastan para guiarlos hacia los comportamientos más sabios y asegurar su supervivencia. Por lo demás, tienen amor, miedo, confianza, resentimiento, cuidan, rechazan, protegen, envidian, obedecen y sienten de forma genuina muchas de las emociones que sientes y por las mismas razones que tú. Aunque en dosis más saludables.

Ahora, gracias a que toda su atención está en el presente, no son Creadores como las personas. Sus pensamientos no se vuelven cosas. Reaccionan ante el mundo, no lo proyectan. También son Dios puro, de Dios, por Dios, y existen para:

1. Percibir, experimentar y revelarse en la magia de la vida.
2. Crear nuevas dimensiones de aprendizaje para los que sí tienen habilidades autorreflexivas, como tú.

Esto lo logran viviendo de manera creativa, siguiendo sus impulsos, instintos y deseos innatos de jugar y explorar. Además, su mera presencia hace que el mundo sea más interesante, diverso, divertido e interactivo para los humanos. Al mismo tiempo, balancean los ecosistemas, añaden credibilidad al tiempo y al espacio, y ayudan a los que reflexionan sobre sí mismos a no hacerlo demasiado.

En general, la conciencia animal *no* tocada por una relación con alguien que reflexiona, no reencarna, puesto que esos animales no tienen una visión que los impulse. En consecuencia, no dejan asuntos sin resolver, aunque siguen existiendo y disolviéndose una vez más en lo Divino. Recuerda, esto sólo pasaría si el tiempo fuera absoluto, pero es una ilusión. Aunque no lo puedas comprender mientras te encuentres sumergido en el tiempo, cuando un ser o partícula de Dios existe, existirá eternamente en un "ahora" en constante evolución.

LA CONCIENCIA DE LAS MASCOTAS

La conciencia de las mascotas es como la conciencia animal (Dios puro, "vivo" y respondiendo a todo) pero transformada por la personalidad y el amor de sus dueños.

Los animales absorben y reaccionan a la energía de las personas con las que viven. En ellos surgen leves expectativas, suficientes para cambiar su evolución espiritual. Además, los dueños proyectan cualidades humanas y les *infunden* esas *características*. Como seres que reaccionan, reflejan las energías que reciben. Por eso, desarrollan personalidades más ricas y se convierten en videntes a futuro, no como seres que autorreflexionan, sino como seres capaces de continuar explorando y expandiéndose en niveles nuevos.

En cualquier hogar con mascotas, los animales se elevan para cumplir las expectativas que se les imponen (por ejemplo: portarse bien, ser latosos, nutrir, proteger) al mismo tiempo que reflejan paciencia, compasión, exuberancia, enojo, disposición y timidez a lo que están en su entorno. Los dueños siempre pueden verse reflejados en sus mascotas.

Éstas no sólo evolucionan en un "ahora" eterno como todos los animales, también las personalidades que desarrollan crean voluntad, intención y deseo suficientes para generar asuntos inconclusos y regresar a una encarnación subsecuente en el tiempo y en el espacio, ya sea con los mismos o con nuevos dueños. La elección de con quién regresar corresponde a todos los involucrados.

Quién rescató a quién

Como sucede con todas las conexiones espacio-tiempo, siempre se requiere trabajo previo. Una mezcla de pensamientos, expectativas y deseos (creencias o vibras) precede cualquiera de las circunstancias del mundo físico que conduce a las reuniones. Como en todas las manifestaciones, así llegas a conocer y adoptar a tus amigos peludos (si tienes uno). O quizá es la forma en que ellos llegan a conocerte y adoptarte a ti.

No importa si se trata de una primera conexión o de una continuación de asuntos inconclusos, las casualidades provocan los "accidentes y coincidencias", y a su vez éstos permiten los sucesos reales más auténticos, espontáneos y creíbles que reúnen a los seres queridos.

Los semejantes se atraen. Pensamientos, personas, animales, mascotas, siempre hay muchas opciones y posibilidades para que las manifestaciones respondan a cada necesidad en tu mundo de ilusiones. Por eso, que "encuentres" a quien "encuentras" y que ellos te "encuentren" tiene un significado profundo y ocurre con precisión exacta. El mundo no podría haber seguido ni un día más por el camino que iba hasta que cada uno de ustedes estuviera presente para el otro, para ser moldeado por el amor del otro, para aprender del ejemplo del otro, para enseñar, reír y sanar.

LA CONCIENCIA DE LAS PLANTAS

Te preguntarás: "¿Ahora resulta que las plantas tienen conciencia?" No como los vivos, los "muertos", los animales o las mascotas, pero sí son inteligentes y ansían expandirse. Son simples y alegres. Son Dios puro. Y *responden* a su entorno, a la luz del sol, al agua, a los pájaros, a las abejas y a todas las otras formas de conciencia que comparten su tiempo y espacio. En especial, responden a tus expectativas y a tus sentimientos, mucho más de lo que responden a tu voz. Habla con tus plantas con la convicción de que responderán, y no lo harán porque les hayas hablado, sino por la energía, intenciones y expectativas que impulsan tus palabras.

Igual que los animales y las mascotas, las plantas entienden que su existencia es decisiva para la supervivencia de la vida, para que todo exista dentro de las junglas, y para la Tierra misma. Saben que existen para servir. El primer paso es sobrevivir. El objetivo de cualquier forma y expresión de vida es prosperar. Cuando una especie lo hace, creciendo fuerte y de forma saludable, todas se benefician. Y toda la vida lo percibe, excepto los humanos (porque el desarrollo humano se encuentra en sus estados iniciales).

Los humanos somos la especie que más afecta a otras.

De manera universal, se reconoce la simbiosis en la que cada partícula, célula o especie sirve al bien común del todo mediante su simple existencia. A pesar de esto, todos comprenden y honran su individualidad sagrada e irremplazable. Comprenden que tanto su expresión única como su contribución al todo, son lo que se expande y se suma a la definición de Todo Lo Que Es (la verdadera razón de su existencia).

DELFINES Y BALLENAS

Hay otras especies en la Tierra con habilidades intelectuales, emocionales y de autorreflexión. Para ellas la gama de aventuras y descubrimientos posibles no se limitan a una sola vida. Por eso, delfines, ballenas y otras especies reencarnan (o algo parecido) como los humanos.

En este aspecto, a los muertos les gustaría ser aún más precisos, pero sólo son muertos, no lo saben todo. Quizá un día escriba *Las diez cosas que los seres omniscientes quieren decirte,* pero no necesitas leerlo *para comenzar a respetar y reverenciar de inmediato todas las formas de vida,* reencarnadas o no. Y, además de ser una pregunta fascinante, no importa si elefantes, pulpos o cuervos reencarnan o no, lo que importa es tu vida actual, tus cambios, tus descubrimientos y que prosperes. Y eres capaz de lograr todo eso sin el estudio de más animales. Está claro que Dios conoce y comprende la vida de cada criatura que sirve a su propósito y cumple con su rol, puesto que cada una es de Dios y para Dios. Y cuando sea relevante, sin duda compartirás este conocimiento.

Respecto a delfines y ballenas, como sucede con los humanos, algunos son almas bebés, mientras otras son más sabias y experimentadas. Algunas han encontrado que el amor y la compasión son los únicos caminos que alcanzan dicha y satisfacción duradera, y otras siguen buscando su camino a través de experimentos con comportamientos enojados y miopes. Se comunican mediante la telepatía (como hacen miles de especies en la Tierra, sin que lo sepas) y a través de la audición y el comportamiento. Se podría decir que la expresión, la cooperación y el servicio son sus razones de existir, como podrían o deberían ser también tus razones. Cada una de éstas es igual de importante, aunque también comparten contigo la paciencia, la tolerancia y otras lecciones.

Son seres de amor igual que tú. A diferencia de las plantas, de otros animales y de las mascotas, tienen voluntad creativa, intenciones y visión de futuro, lo que incrementa de forma radical sus posibilidades y probabilidades de evolución espiritual. Son tus hermanos verdaderos de diferentes madres, partículas de Dios por derecho pleno, versiones miniatura de lo Divino.

Dominio sobre todas las cosas

Por cierto, "dominio sobre todas las cosas" se ha malinterpretado de manera tosca en muchas partes del mundo. Esta frase de la Biblia se ha entendido como "poder sobre todas las cosas" o "haz lo que quieras con todas la cosas". La mayoría de los significados originales de los libros sagrados se han perdido con las traducciones a lo largo de los años. Esta frase se ha usado mal a tal grado que muchas personas creen que las aves de corral, el ganado o el pescado existen para ser comidos.

Puedes hacerlo. Tienes el libre albedrío y la capacidad. No serás juzgado si lo haces o no. Pero el hecho de que *puedas* hacer algo no quiere decir que *debas* hacerlo.

De nuevo, con el poder viene la responsabilidad. Como somos la única clase terrestre (conocida) en el planeta que posee pensamiento y acción a futuro, los humanos somos la especie que más afecta a otras. Por lo tanto, tenemos *la mayor responsabilidad sobre todas las cosas.* Conforme nos hemos multiplicado hasta alcanzar los miles de millones, nuestra presencia se ha hecho tan predominante que no tenemos otra opción que considerar a las otras especies cuando tomamos decisiones. Sin querer, nos hemos convertido en los *guardianes de todas las cosas,* incluyendo nuestro querido planeta.

Empezamos a ver con claridad el poder que tenemos sobre nuestro ambiente, las provisiones de alimento y los recursos naturales. Y, conforme se mueve el péndulo, ahora descubrimos nuestras responsabilidades. De nuevo, este despertar es de lo que trataba el bullicio del 2012: la aceptación (en lugar de la resistencia) de nuestra función rectora, *de forma individual y colectiva*.

Por cierto, dominio sobre "todas la cosas" incluye árboles, rocas y laderas, ¿no? ¿Por qué no nos comemos "todas las cosas"? ¿Por qué aplica sólo a algunos animales? ¿Porque son comestibles? Los bichos, el pasto y las personas también se pueden comer. Tus ancestros se los comían, ¿no? Eran almas bebés en su mayoría. ¿Es porque los crías y los mantienes? Haces lo mismo con tus hijos. Existen muchas razones obvias para que existan los animales además de para alimentarte, ¿no lo crees? ¿Has pensado en los costos y sacrificios de recursos, en términos financieros y ambientales asociados a la transformación de los animales en comida que no se presentan cuando creces con una dieta no-animal? Y ¿no hay una enorme variedad de otros alimentos que, desde hace mucho tiempo, la ciencia ha demostrado que son igual de nutritivos?

Puede que para este momento ya hayas especulado que los animales en cuestión sabían de las probabilidades a las que se arriesgaban (ser consumidos como alimento) cuando vinieron a la Tierra. De hecho, lo sabían. Pero también las *personas* saben de las probabilidades de posibles violaciones antes de elegir una vida y eligen venir de todos modos, lo que no es excusa para cualquier agresión que sufran después.

Si tienes curiosidad, la solución que parece más propicia para resolver el "dilema del omnívoro" es preguntarte a ti mismo antes de cada comida: "¿Las opciones carnívoras que se me presentan son en verdad necesarias para mi *supervivencia* o sólo son más prácticas que otros alimentos?" Sin duda, si te encuentras muriendo de inanición, incluso los animales que te comas celebrarán que su vida pueda extender la tuya. Pero en caso contrario, deberías reconsiderar tus opciones para ser más equitativo con las demás especies que también ansían esta experiencia llamada "vida en la Tierra".

Conciencia alienígena

Sí, de otros planetas. Son reales. Algunos de nosotros somos sus descendientes, algunos de ellos son nuestros descendientes. Los árboles genealógicos son borrosos e insignificantes. Además, cualquier definición objetiva de la fuente depende de las "mentiras" del tiempo y el espacio, así que debatir cuál fue primero, el huevo o la gallina, siempre será inútil.

Sólo debes saber esto: no estás solo, vives en un universo amoroso, nada surge al azar, todos hacen su mejor esfuerzo (como sea que lo definan), la cooperación amable es esencial siempre que dos o más compartan el "espacio" (que siempre será algo que cocrean) y acepten la responsabilidad personal de que todo lo que experimentan es fundamental para descubrir su poder de modo individual, colectivo e "intergaláctico".

Madre tierra

¿Una gran roca? ¿Un producto de tu imaginación? Ambas. Y, sin embargo, tanto las rocas como la imaginación son más de lo que alguna vez pensaste que podrían ser.

Para ir al grano, la Tierra también tiene conciencia. Cuando piensas en ella, le hablas y tienes expectativas, le *agregas más* a su conciencia. Pero estaba vivita y coleando mucho "antes" de que aparecieras físicamente, aunque era necesario que existiera para que *pudieras* aparecer de manera física.

Piensa en tu propio cuerpo. ¿De qué está hecho? De electrones y protones en movimiento, de átomos, moléculas y compuestos químicos; tejido, huesos y órganos; extremidades, torso y cabeza.

Luego, pregúntate dónde resides "tú" dentro de esta obra maestra. ¿Tu conciencia y pensamiento viven en la cabeza? ¿En algún lugar del cerebro, el lóbulo izquierdo o el derecho? ¿En el corazón? ¿En el plexo solar?

Tu "yo" pensante, *como lo has sentido,* no es producto de tu cerebro: está canalizado por tu cerebro. No reside en términos físicos en tu cuerpo. *Tú sabes eso.* Incluso cuando miras al mundo *a través* de tus ojos, no *desde* tus ojos, tu esencia trasciende las ilusiones. Tu cuerpo físico es el portal del espíritu, el fragmento de Dios que eres. Por medio de él, experimentas y moldeas de manera física el mundo que creas. Sin embargo, como con toda conciencia, tu cuerpo también tiene conciencia propia, independiente de la tuya. Existe para servir, pero siempre tendrá sus propias experiencias y expansión.

Lo mismo sucede con la madre Tierra. Es más que una colección de líquidos, gases y rocas; desiertos, océanos, y montañas; núcleo, corteza y manto. Aunque en términos físicos, es todas esas cosas. Existe para que tú y todas las formas de vida puedan existir. Pero al "ser", se convierte en su propia forma de vida con su conciencia, que es mayor que la suma de los roles que cumple. Está viva, pero su centro espiritual no se ubica en ninguna parte, ni en el hemisferio sur ni en el norte. Como en tu caso, el cuerpo de la Tierra es el portal por el que "su" espíritu emerge con intención, propósito y deseo. Por lo tanto, no sólo existe para tu beneficio, sino como energía que fluye todo el tiempo. Se mueve, está "viva" y tiene inteligencia independiente pero entrelazada con la conciencia de todos los seres a los que sustenta, cocreándose y recreándose ella misma en cada momento.

> Tus mascotas alguna vez existieron para ti, ahora existen gracias a ti.

La Tierra sabe que apenas estás aprendiendo tus responsabilidades. Es paciente. Puede adaptarse y compensar. Lo ha hecho. Ahora es tu turno de hacer lo mismo. Lo bueno es que ya comenzaste.

SE VOLVERÁN A ENCONTRAR

Todo lo que sucede tiene sentido y razón, incluyendo la presencia de esos seres en tu vida que te aman sin importar su especie.

Tus amigos peludos, pasados y presentes, son tus maestros y compañeros de juegos. Son una de las muchas maneras en que puedes sentir que "Dios" toca de forma profunda tu rincón físico de la creación para abrir tu mente y tu corazón. Son ángeles con patas, ahora existen gracias a ti. Al amarlos incrementas su vibración, e incluso mientras lees estas palabras, su espíritu se eleva y continúa viviendo. Las costumbres graciosas y los hábitos curiosos que te hicieron quererlos son su huella, traerán risas y alegría a donde quiera que vayan, así como un regalo extra, especial para quienes lo necesitan... un pedacito de ti. Tu compasión y amor ahora son parte de ellos y lo serán por siempre. No podrían estar más orgullosos, felices o ansiosos de lamer tu cara otra vez, mover sus colas o ronronear tan fuerte como puedan en tu cálido regazo. Al igual que tú, tienen la sabiduría para darse cuenta de que la llegada de ese día es inevitable. Mientras tanto, juegan, sanan a otros, se expanden y se convierten en más conforme esperan pacientes a que regreses a casa. Eso es lo que desean que sepas... y que hagas.

Carta de un ser peludo que murió

Querida mamá:
A que no adivinas dónde estoy... ¡En el bosque!
Y a que no adivinas de qué color es todo lo que me rodea... ¡Verde!

Aquí la vida es increíble. Hay cosas para perseguir, ríos donde nadar, lodo para revolcarse... Hay uno que otro campista perdido que siempre piensa que me encontró y necesito que me rescate. Como sea, yo les sigo el juego, les enseño a lanzar cosas, a confiar y a amar de nuevo. Igual que en la Tierra.

Te sorprendería la cantidad de gente que aún nos necesita. En verdad. ¿Recuerdas cómo te enseñé a dejar de sentirte mal por ti? Eso es muy útil aquí. ¿Y cuando te ayudé a olvidarte de tus novios? ¿A creer en ti misma? ¿A cuidarte? Esos eran mis mejores trucos y los uso aquí también.

¿Cómo estás? ¿Te estás levantando a tiempo sin mí? ¿Todavía te ríes a carcajadas sin razón?

Espero que no te moleste lo feliz que estoy ahora. Espero que no estés celosa. Algunas mamás se ponen celosas. O extrañan tanto a sus mascotas que ellas no pueden seguir adelante. Por supuesto, a sus mascotas no les importa, pues aman a sus mamás más que a la vida misma. Si sus mamás están tristes, ellas también. Pero ¿por qué estar triste cuando todo es tan increíble, cuando cada adiós garantiza un "buen chico" en el futuro, cuando hay tantos seres alrededor que te necesitan, peludos y humanos? Tantos...

Además, ¿cómo puedes extrañar a alguien que está contigo? ¿Por qué llorar por lo que parece perdido cuando hay tanto que falta por encontrar? ¿Por qué dejar que la pena por lo que "no es" te ciegue a lo que "todavía es y siempre será"? ¿Por qué ver la vida sólo con tus ojos cuando tu corazón tiene visión de rayos X, interdimensional y sabe más de lo que tú sabes?

A menos, por supuesto, que no tengas de otra.

Mamá, tú me diste mis ojos, mi corazón y mi amor por la vida. ¡¡Una ardilla!!

Sin ti no podría habérmelas arreglado aquí, en lo invisible, como lo hago. Aún no lo sabes, pero lo que compartimos sacudió al mundo, no sólo al nuestro, sino al mundo entero, el de todos. Ahora me toca hacer algo por ti, así que, por favor, escucha lo que te digo. No pienses que estoy perdido, porque gracias a ti fui encontrado. No pienses que mi vida se terminó, apenas comienza. Y no te arrepientas de lo que no hicimos, de los lugares a los que no fuimos o de lo que no tuvimos. Conocerte fue mucho mejor de lo que esperaba. No te imaginas la gratitud que tengo por pasar la mayor parte de mi vida junto a ti. Por favor, celebra cada día, disfruta cada momento y ama, ama, ama todo, a todos, cada forma y cada camino, así como me amaste a mí de manera incondicional.

Estoy aquí para ti, mamá. El hecho de que esté feliz no significa que no te esté esperando. Fuiste lo mejor de mi vida. Nunca vagaré más allá de donde tus pensamientos puedan alcanzarme. Y seré el primero en darte la bienvenida cuando regreses a casa.

"¿Quién dejó salir a los perros?"

Brutus

P. D. ¡Y adivina qué más! ¿Recuerdas el brazalete dorado que me escondías en el sillón? Está en el patio, bajo las escaleras, un poco mordido y magullado. El día que lo encuentres pasará Josh. Lo conocerás cuando empieces a salir más. ¡Es muy guapo!

TODOS LOS GORRIONES

Los muertos quieren que sepas que nada ni nadie nunca quedan olvidados. No hay perros malos. Todos los gatos tienen más vidas. Y puedes quedarte tranquilo, tendrás más besos llenos de baba, lamidas en la cara y lloriqueos en el otro mundo. Así de inmenso es el amor que está detrás de la creación.

La vida en verdad es amor, pero no sólo el amor que sientes por los que te aman, sino un amor mucho más grande. Ése es el siguiente y último punto en nuestra lista.

Capítulo 10

El amor es el camino, la verdad es el sendero

Nadie sabe cómo empezó todo, ni siquiera los muertos, pero eso sí, todos sabemos que empezó.

De hecho, nadie sabe mucho sobre nada de nada, excepto que:

1. Todo es Dios.
2. Los pensamientos se vuelven cosas.
3. El amor es todo.

El amor al que nos referimos no es el amor que se da o se recibe de los demás. Aunque es hermoso, ese tipo de amor lo desencadenan las circunstancias. Es una emoción que requiere estímulo y razón.

En cambio, nos referimos a un amor:

- Que está siempre presente, en todos lados.
- Con una benevolencia que no necesita aprobación ni juicio para compartirse.
- Que trae regalos que no necesitan ganarse o merecerse.
- Que consiste en una súper alegría inteligente que une y sana.

> Nadie sabe cómo empezó todo, ni siquiera los muertos, pero eso sí, todos sabemos que empezó.

Sin embargo, este amor a menudo se desdibuja en la oscuridad o pasa inadvertido en medio de la locura, el caos o la ingenuidad. Por lo tanto, debe conocerse para sentirse. "No conocerlo" es consecuencia de vivir en las junglas hipnóticas del tiempo y el espacio que posibilitan el viaje del *saber al no saber, y a saber de nuevo* en eso que llamas "vida".

Como ya te imaginarás, los muertos quieren que sientas lo que apenas pueden poner en palabras para "saber" de nuevo lo más pronto posible.

ÉRASE UNA VEZ

Imagina, si puedes, el amor como lo describo, quizá como un estado alterado de conciencia. Imagínalo como una luz translúcida, iridiscente que cae desde arriba en cascada sobre ti, inundando todo a tu alrededor, llegando en oleadas maravillosas. Imagina que te baña como rayos de sol, empapándote como la lluvia, acariciándote como el viento e iluminándolo todo. Te envuelve de tal modo que incluso puedes respirarlo y llenar tus pulmones con él. Así puedes empezar a imaginar a Dios.

Este amor te atraviesa con su simplicidad absoluta, te carga de energía, te levanta el espíritu, te eleva, se siente bien y te hace sonreír de forma constante conforme disfrutas su éxtasis sobrecogedor. De dónde viene y cómo comenzó son preguntas que te rebasan por completo, pero ambas parecen irrelevantes. Este amor *"es"* tanto como tú *"eres"*. Es innegable, es consciente de manera absoluta, seguro de sí de modo supremo, es energía pura que orienta tu dichosa expansión. Este amor *es* Dios.

También imagina que, conforme observas el mundo físico que te rodea —que de pronto parece ser translúcido conforme la luz del amor lo ilumina—, te das cuenta de que todas las "cosas" están hechas *de* este amor. Al contrario de las apariencias, no es que el amor ilumine o brille sobre los objetos de tiempo, espacio y materia, sino que estas cosas están *en él*. Como las crestas blancas de las olas en el mar que el viento empuja y se hacen parte del mismo océano sobre el que rompen. Verás que este amor, en su fluir, adquiere formas, sigue patrones de manera inteligente, se organiza con propósito e intención y, *por medio* de cada adaptación, se experimenta a sí mismo como no lo hizo antes.

Luego, como si te hubiera alcanzado un rayo, te llega una nueva revelación y consideras, impresionado por completo, que todo lo que te rodea es Dios, una inteligencia autocreada dentro de la inteligencia, apariciones danzantes que pueden verse unas a otras. Esto debe significar de forma inequívoca que *tú* eres exactamente igual a lo que estás viendo. *Tú* eres parte de esta danza, tú mismo eres un bailarín. Observas que en verdad eres de lo Divino, por lo Divino, para lo Divino, *Dios puro*, una gota de lluvia que cae entre incontables gotas. Eres Dios *autorreflexionando* dentro del tiempo y el espacio. Eres parte del plan y ahora también un creador del plan conforme eliges nuevas direcciones hacia las cuales guiar tu conciencia. Descubres lo que es tan obvio pero a la vez tan inesperado: olvidaste poner todo esto en acción para sentir las pasiones que evoca tu vida y que le dan sentido al camino. Todo es como debería ser. No hay otro propósito. No debe suceder nada más. *Tú eres Dios.*

LO QUE DICEN LOS VIVOS

"¡Ay, por favor! ¡Mira a tu alrededor!" Las personas dicen cosas como: "Ubícate en la realidad. El tiempo se acaba y Dios está perdiendo la paciencia. Viniste al mundo por su gracia y serás juzgado por tus elecciones. Por ellas, Dios decidirá si vas al cielo o al infierno." Y luego agregan: "Dios es misericordioso." ¡Menos mal! Seguido de: "Sólo vives una vez, ya sea en la nación de los banquetes o de las hambrunas, en la guerra o en la paz, como hombre o como mujer, poco o mucho tiempo, en la democracia o en la dictadura. Así son las cosas. La justicia está en el otro mundo. La vida es una prueba y todos deben tener fe en el amor de Dios para pasarla." ¿El amor de Dios? "Cree y recibirás… siembra y cosecharás…" ¡Qué alivio! ¡Mejor empezamos de una vez! "Pon las necesidades de los demás por delante de las tuyas… El ocio es la madre de todos los vicios…" ¡Cielos! Y si encuentras huecos o contradicciones en la lógica de esta perspectiva del mundo, es porque "Dios trabaja de maneras misteriosas".

Lo que ven los muertos

Pese a todo, aunque no puedan ver muchas cosas, *el amor motiva cada día* a los vivos, tus hermanos y hermanas más cercanos en este viaje. Existen completos extraños que arriesgarían sus dichosas vidas para salvar la tuya si te encontraran colgando de un puente considerando que pueden salvarte. Los vivos son buenos de intención, comparten la preocupación por tu bienestar de manera activa y compasiva, incluso mientras esperan que Dios deje "fritos" a los que no siguen sus reglas. Es raro.

A la gente siempre le importa casi todo y todos. Es sólo que están tan ocupados creyendo lo que les han dicho, y *manifestándolo,* que de manera genuina no se dan cuenta de que en toda la historia de nuestro pequeño y hermoso planeta nunca hubo:

- Una sequía que no terminara.
- Una tormenta que no se apaciguara.
- Un rayo que no se agotara.
- Un terremoto que no se calmara.

- Una inundación que no menguara.
- Una plaga que no quedara sofocada de forma eventual, completa y absoluta.

> Los muertos, con la ventaja de la perspectiva, ven el amor en todos lados.

Ahora bien, por principio los "muertos" no se involucran en probabilidades, estadísticas o apuestas, pero no se necesita ser un genio para darse cuenta de que algo sucede "ahí": las provisiones se mantienen abastecidas, tienes algún amigo con influencias y *ninguna* de las cosas "crueles y despiadadas" se han cumplido. ¡Vaya!

Los muertos, con la ventaja de la perspectiva, ven el amor en todos lados, en lo individual y en lo colectivo, en lo animado y en lo inanimado. Los vivos no lo ven tanto, aunque los envuelve. En general, están demasiado distraídos por las ilusiones que les parecen más evidentes que el amor (por ahora). Después de todo, no puedes comer un abrazo, ni la bondad puede resguardarte de una tormenta. Sin embargo, los muertos empiezan a entender la conexión. Ven que mediante el amor las ilusiones pueden ser domadas, manejadas y dominadas, no en un instante, pero sí con el paso del tiempo si hay constancia. Y al final se alcanza un estado donde ilusiones y amor coexisten para crear una nueva plataforma espectacular para la expresión humana y la dicha de ser. El objetivo no es manipular, vencer o trascender el tiempo y el espacio sino comprender que *tus* ilusiones dentro del tiempo y el espacio son la extensión de tu propia energía dirigida, *justo* como un brazo o una pierna. Entre más pronto veas esto, más pronto podrás comprenderlo, cambiarlo y disfrutar tu estancia entre las ilusiones.

Los juegos del amor

El amor es el camino. Es lo primero y sigue ahí para que lo veas. Para el amor las ilusiones "descendieron". Confundir las ilusiones con la realidad evita que veas el poder que tienes sobre ellas, que eres *de* amor, no *de* ilusiones. Sólo la verdad te libera. Por eso, el camino desde las ilusiones hacia el amor, desde el mundo material hacia un mundo etéreo-real traído a la Tierra, se da por medio de… *la verdad*. ¿Te suena un poco familiar? ¿No se llega por medio de una persona o del conocimiento? ¿Qué conocimiento? Todo es de Dios; todo es conocimiento. No, es por medio de la verdad sobre el tiempo, el espacio, la materia y sus orígenes. Esto en verdad te hará libre.

Santo cielo, no es por sonar religioso, pero estas metáforas han sido malinterpretadas desde hace mucho tiempo. Todo el asunto de Adán y Eva en el Jardín del Edén y que mordieron la manzana, se trataba de seres *espirituales* en el *sueño del escape a la Tierra*, que llegaron al punto de quiebre en su creciente malentendido sobre lo que era "real" y lo que era "ilusión", al grado de que mordieron *la ilusión* de una manzana (porque *todo* es ilusorio) como si fuera real. ¡Así lo volvieron real para ellos! Entonces la manzana se convirtió en algo con lo que tenían que lidiar, así como las ilusiones del mundo son ahora algo con lo que debemos verlas como meras ilusiones.

No era algo malo, no fue una "caída en desgracia" (excepto por la manera en que lo han pintado en la religión) sino una cosa increíble, porque entonces pudo iniciar el juego. Un gran festival de amor al estilo de los años sesenta del siglo pasado, empezó dentro de las ilusiones y todos comenzaron a *progresar* a través de la verdad hacia el amor y a dominar todas las *cosas*. "En la Tierra como en el Cielo" o, de nuevo, con "dominio sobre todas las *cosas*". Verse a sí mismos como los Creadores que en verdad son y así vivir con un propósito, de manera deliberada, con emoción y alegría en este oasis con corazones contentos, pies alegres y caras sonrientes, siempre enamorados de todos y en todos lados.

Así que, con perdón de la fragilidad de las palabras, quizá puedas ver ahora que *el amor es el camino*, el único camino, hace que todo sea posible. Hay aventureros en la vida que ahora están inmersos en las agonías de este "juego del amor" y buscan una ruta hacia la expresión consciente de su divinidad *dentro de las ilusiones*. En la actualidad se encuentran atrapados entre un lugar difícil, abrazos y comida. Para ellos y para todos los aventureros como tú, *la verdad es el sendero*.

YA COMENZÓ

Seguro te ha pasado a ti también que…

… nada tiene sentido, *excepto la belleza de la vida*.
… nada tiene sentido, *excepto lo mucho que has amado a alguien*.
… nada tiene sentido, *excepto lo mucho que alguien te ha amado*.
… nada tiene sentido, *excepto lo que sabías que debía tener sentido, ¡maldita sea!*

Y a través de estas grietas entró la luz. Al ver lo obvio, cuestionar las contradicciones y darte cuenta de que los demás parecen vivir bajo reglas muy diferentes con resultados diferentes, empieza a despertar el gigante dormido. Justo a tiempo.

Cuando había dolor, tristeza, enfermedad o carencia, se invocó la verdad. Pero al principio parecería contradecir tus creencias de forma inevitable, ¡eso es lo que trajo el dolor! Si la verdad hubiera estado presente desde el comienzo, no habría existido sufrimiento. Y hasta que estés listo para aceptarla, se repetirán las experiencias dolorosas o incómodas una y otra vez. Al final, demasiado desgastado como para seguir, te rendirás, listo para dejar ir todo antes que enfrentar más insultos. Entonces te darás cuenta de que cuando tu resistencia fue vencida, tu corazón se abrió, el amor entró a chorros, las lágrimas se volvieron de alegría y fuiste elevado a una órbita de amor más alta.

Cómo seguir adelante

¿Quieres más amor? ¿Hoy, ahora, en este momento? Debes ver más verdad con ferocidad, a pesar de las apariencias, sin importar que amenace lo que te ha reconfortado hasta la fecha. Prepárate. Un amor inimaginable espera a los que todavía ahora encuentran "refugio" en las mentiras:

Mentiras "refugio"
1. La gente es mala.
2. Dios decide qué le toca a quién y cuándo.
3. La vida es una prueba o la vida no es justa.
4. El materialismo corrompe.
5. Quiero que me amen por lo que soy.

Encubrimiento probable
1. Soy malo, uso a los otros como excusa.
2. No soy valioso.
3. No tengo control ni responsabilidad.
4. No me gusta ser un humano/estar vivo.
4. Me resisto a la vida y temo a los retos.

La verdad atemorizante pero liberadora
1. Puedo y tengo que cambiar primero.
2. Soy suficiente.
3. Acepto toda mi responsabilidad.
4. El dinero es espíritu puro.
5. ¡Venga!

Ve por el amor. Atrévete a ver verdades mayores. Siempre habrá justificaciones para cada punto de la primera lista, pero son fugaces y estrechas. Los cambios graduales y sutiles en tu vida te llevarán con el tiempo a la puerta del amor, ya sea deliberadamente o por medio de un acto de la naturaleza. No esperes. Muerde el anzuelo. Busca la verdad simple en todos los asuntos. Elige expandir tu pensamiento, de otra manera las nuevas circunstancias que traiga tu confusión (PVC) elegirán por ti.

La espiral ascendente

Con cada éxito tendrás más confianza. Con cada sorpresa te volverás más sabio. Te reirás y jugarás más, trabajarás menos y te sentirás mejor. Luego sucede algo peculiar: conforme sean mayores tus manifestaciones, tus deseos de éxito se reducirán. Dejas de justificarte. Empiezas a cambiar desde el interior. Pero los éxitos continúan. Incluso deseando menos, obtienes más. Así de abundante es la vida. Llegas a un punto en el que confirmas que la búsqueda trae más dicha que las cosas materiales. Y no por lo que promete esa búsqueda, sino por todo lo que no esperabas: los regalos ocultos (nuevos retos, miedos y enemigos). ¡Éstos son los mejores regalos! *Regalos* porque los encontraste, los confrontaste y los hiciste tus amigos. Se convirtieron en tus impulsos y a veces hasta los recuerdas con cariño. No eres la misma persona que fuiste y, sin embargo, eres: el mundo también parece haber cambiado, pero no. De pronto, la vida tiene sentido y quieres vivir para siempre.

> Nada tiene sentido, *excepto lo mucho que has amado a alguien.*

El favor egoísta

Conforme se expande tu visión del mundo, te vuelves más consciente de los sueños que antes no sabías desear y del amor que no dabas. De repente, lo que más te gustaría hacer es ayudar y marcar alguna diferencia en las vidas de los demás. Te honras no sólo por tener esta oportunidad, sino porque ahora puedes verla. Lloras de felicidad casi cada día. Tu cuerpo se siente más ligero, como si pudieras flotar. Sientes el amor espiritual de una manera completamente nueva, no como una elección, sino como la vía hacia algo mucho mayor. No juzgas nada porque te ves a ti mismo en todo. No culpas a nadie porque culpar es evadir tu responsabilidad. Los animales se sienten atraídos hacia ti. Los árboles se comunican contigo. Los arcoíris se forman en tu tierra. Los delfines te siguen en el mar. Lo invisible se manifiesta y todo el espacio está lleno y rebosante de Dios, de amor, de perfección, de aceptación y, lo más sorprendente, de ti (pincel en mano).

Pero incluso con la verdad floreciendo ante tus ojos, una tristeza persistente cosquillea en tu corazón. Te das cuenta de que este amor desenfrenado está siempre presente, en todos lados, en este momento, mientras lees estas palabras. No obstante, hay muchos que no lo ven o no lo sienten. Sus vidas y experiencias parecen polos opuestos a la bondad y al amor que tú sientes ahora. Tu vida es perfecta excepto por esta nueva tristeza, que te lleva a un deseo. Esas cosas que alguna vez quisiste para ti, que ya obtuviste en su mayor parte, ahora las quieres para los demás. Deseas que logren las cosas que quieren para sí mismos. De modo egoísta, quieres aliviar su dolor y aligerar su carga.

Y entonces más amor, más gloria y más oportunidades llueven sobre ti.

La perfección impresionante

Conforme reflexionas sobre quienes no comparten la alegría que está ahí para ellos y emprendes las acciones para corregir este desequilibrio, descubres lo impensable… ¡Muchas de sus mentes están cerradas! ¡Por elección! Cuando les ofreces nuevas ideas para pensar y para elegir ¡muchos prefieren las que ya tenían! Están cegados por sus ilusiones, atrapados por sus miedos, se resisten, son dogmáticos e inflexibles.

Y entonces lo entiendes. También fuiste así alguna vez, pero encontraste tu camino a la verdad. Y en retrospectiva, descubres que alguna vez necesitaste estar en cierto momento y lugar para que te empujaran hacia delante y llegar a donde estás ahora. También observas que tu camino y la iluminación fueron inevitables, es el camino de todas las cosas en el tiempo y el espacio. Y así, de pronto, te das cuenta de que (igual que alguna vez elegiste pasar por lo que te sucedió con tu mente y corazón cerrados para llegar al amor que has encontrado hoy en día) *los demás están en su propia peregrinación, diseñada a su medida, para alcanzar el mismo amor que tú encontraste.* Entonces ves la perfección. Es impresionante. Sorprendente por completo. Maravilloso en absoluto. Todos están donde *quieren* estar. Todos están viviendo sus sueños, ahora mismo, aun si dicen lo contrario, incluso si duele. Con el paso del tiempo eso llevará a todos a alcanzar más verdad, más luz y más amor. Igual que te sucedió a ti.

No es que no puedas darte gusto en servir a los demás. Es irresistible la idea de llegar a los que no han sido alcanzados, aquellos *que están listos o casi listos*, y crear ondas de bondad que dejen un eco a través de la eternidad. No pasará un momento sin que extiendas tus brazos y manos para atrapar una oportunidad de acercar a otros a la luz. Pero los días de servicio *desinteresado*, de negarte a ti mismo o del autosacrificio quedarán en el pasado. Dejarás de entristecerte o sentirte mal por el caos en las mentes de otros y no te decepcionarás por los que requieren más tiempo. Nunca más renunciarás a tu propia felicidad cuando las personas que amas eligen ser infelices. En cambio, honrarás todo lo que llame a tu corazón y dejarás que tu luz brille por el gusto de hacerlo, por el bien que te hará a ti y a los demás, y porque tus sueños son tuyos por una razón: para llevarte siempre a más y más amor.

La frontera final

Hubo un tiempo en que se creía que la violencia era la única manera de ejercer control, vivir a propósito y reclamar lo que te pertenecía por derecho.

Hubo un momento en la historia en que se creía que adorar a los dioses correctos o idolatrar a los profetas correctos era la única manera de gobernar un imperio con éxito (basta mirar al antiguo Egipto, Grecia, Roma *y la mayor parte del mundo actual*).

Hubo un tiempo en que se creía que esclavitud, deshonestidad o intimidación eran necesarias para ser exitoso, en términos económicos, en el mundo.

Hubo un tiempo en que se creía que los hombres eran superiores a las mujeres, que ciertos tonos de piel eran mejores que otros o que algunas nacionalidades, culturas o valores eran superiores a otros. Además, la evidencia de que así era aparecía para quienes lo creían. Y durante mucho tiempo, pocos (si no es que nadie) *pensaban* diferente.

> Busca la verdad en la belleza de la vida. Y busca lo doloroso por su belleza.

Ninguna de estas perspectivas eran ciertas, excepto para los que elegían creer en ellas. Fueron y aún son paradigmas pasajeros que se vuelven autoevidentes durante poco tiempo y causan mucho dolor hasta que dan paso a verdades mayores. Dentro de ti, tienes la facultad de discernir la verdad que necesitas para vivir hoy una vida feliz y satisfactoria entre posibilidades infinitas. Deduce lo que necesitas saber: que eres de Dios y elegiste un tiempo y un espacio. Sabías lo que estabas haciendo. Un día tendrá sentido, y para acoplarte y pasártela increíble, busca consuelo al saber que:

1. Todo es Dios.
2. Los pensamientos se vuelven cosas.
3. El amor es todo.

Eres amado.

Carta de un ser querido que murió

Querido Wedge:
Nunca había llorado ni reído tanto como aquí.

Según yo, sabía qué esperar (ya te imaginarás: Dios, el juicio, unos cuantos parientes muertos, o luces apagadas, el juego terminó, la nada absoluta), pero no tenía idea de lo que me esperaba. Nada me preparó para todo lo que encontré. No comprendo cómo es que todo mundo se equivocó tanto.

¿Por qué nuestra existencia por sí sola no nos demostró que existe inteligencia en el universo? Que existe un propósito, que la vida es buena, que la gente es maravillosa.

Como si hubiera algún riesgo en creer lo que es obvio.

Si cuando estaba vivo hubiera tenido un indicio de la verdad sobre la vida y sobre lo que sé ahora, ¡las cosas habrían sido muy diferentes para mí! ¡Imagina vivir en medio de la fantasía del "todo o nada", del tiempo y el espacio, mientras aprendes cómo cambiar lo que no te gusta, cómo añadir más de lo que te gusta y nunca tener miedo de nada! ¡Donde todo es tan preciado, efímero e increíble! Donde hay tanto amor, amor, amor en todos lados, siempre.

¿Por qué no lo vi entonces? Si hubiera sabido lo que la esperanza y la naturaleza magnánima de la realidad pueden traerte, mi confianza y mi optimismo se hubieran disparado y nada me hubiera detenido. Pero en lugar de eso dudaba constantemente sobre lo que buscaba y sólo pensaba en lo que me faltaba y que estaba mal en el mundo.

¡Nada está mal, querido Wedge! Eres bellísimo, la vida es hermosa y todo es como debe ser. Esto quedará claro para ti también en un abrir y cerrar de ojos cuando acabe tu vida. Pero para entonces... habrá terminado. No esperes, Wedge. ¡Anda, vive y sé la preciada maravilla que eres! Baila, canta, sigue a tu corazón y ten la certeza de que serás provisto. Eres amado. Estás donde más querías estar, con lo que más deseabas, haciendo las cosas que más querías y con posibilidades infinitas de hacer todavía más.

¡Por supuesto que aún tienes sueños por cumplir, desafíos y cosas que quieres cambiar! ¡Por eso estás ahí! Para avanzar y alcanzarlas, para ir a donde nunca has llegado y pensar lo que nunca pensaste. Deja que las casualidades de estos objetivos y la forma en que coinciden de manera perfecta con tu crecimiento espiritual sean la evidencia de que toda esta odisea de la vida era y es de inspiración divina, y que, por eso mismo, en cualquier avance que hagas puedes contar con la intervención divina: ¡Tu propia intervención!

Aquí también me quedó claro que la vida en la Tierra es un proceso de ascensión: todo lo que aprendes te eleva. No importa lo que suceda después, gracias a eso podrás amar aún más, a otro o a ti, es lo mismo. Con el tiempo, dar amor se vuelve incluso más importante que recibirlo. Es una adicción que afecta a todas las almas viejas. Esta transformación es posible al elegir "arriesgarlo todo" e ir a donde no podemos perder, fallar o hacernos menos... ¡pero donde creímos que podríamos hacerlo!

Ahí está nuestra prueba, Wedge, una prueba de percepciones: en qué nos enfocamos, en qué creemos —a pesar de las apariencias— mientras no perdemos el enfoque de que no importa lo que tengamos enfrente, siempre será un símbolo de lo que entendemos y de lo que no. Busca la verdad en la belleza de la vida. Y busca lo doloroso por su belleza.

Mereces todo lo que tu corazón desea y ahora tienes las mejores probabilidades de obtenerlo.

Bailando en la cima del mundo y bebiendo chocolate caliente, te mando todo mi cariño.

Dolmar

Epílogo

No fue fácil escribir este libro. Los muertos cooperaron pero ¿lo harán los lectores?

Aquí compartí mucha verdad. Es probable que te preguntes (yo lo hice varias veces): "¿Por qué no la habían compartido antes así, de forma tan explícita?" Sí lo han hecho. La lista de lecturas recomendadas en el apéndice te lo mostrará. Pero es cierto que mucho de lo abordado en este libro, otros no lo habían comentado. ¿Por qué? Creo que por dos razones:

1. Pocos entienden que de verdad somos los ojos y oídos del universo, *literalmente* "partículas" de Dios vueltas a la vida.
2. Parte de lo que he compartido puede ser muy ofensivo para quienes no están listos o no quieren escucharlo.

No me importa la primera razón, pero la segunda me avergüenza e impresiona.

Digo, si no hubiera sido yo, alguien más compartiría lo que está pasando. La verdad es la verdad y está apareciendo. Además, la manera en que las personas reaccionan ante el mensaje, tiene que ver con ellas y no con el contenido del mismo. Y, por último, muchas cosas buenas surgen de la verdad para la gente que *está lista;* las cifras se incrementan todos los días de modo exponencial. Por fin las multitudes están despertando, es *el momento* de la evolución de nuestra civilización y quieren permiso para entrar y descubrir de qué se trata la vida. Te ofrecí una especie de mapa. Pero te aconsejo que no aceptes nada de lo que he escrito hasta que lo evalúes con tus propios sentimientos, deducciones y experiencias de vida. Por favor, siempre pregunta, observa y entonces sigue a tu corazón y a tu mente para descubrir los tesoros que te esperan.

Para resumir todo lo que te compartí de la manera más concisa posible, sólo te diré que estás parado en la mayor encrucijada que cualquier aventurero de vida puede tener: creer que la vida es *asombrosa*...

a) ... todo el tiempo.

b) ... a veces.

c) ... nunca.

Antes de escoger, déjame preguntarte: ¿Qué tan bien te ha funcionado la respuesta "a veces" durante tu existencia?

Cuando tu cabeza descubra y se llene del inciso a), no sólo tu vida explotará y tus emociones se multiplicarán, sino que serán una luz en la oscuridad y te ayudarán a elevar todo.

Hay un nuevo jefe en la ciudad (no soy yo). Aunque a nadie le gusta el cambio, si te unes a la fiesta, te espera un orden mundial diferente al que conoces, donde respeto, cooperación, creatividad y amor florecerán de maneras que ahora no podemos comprender.

No importa cómo te sientas sobre lo que has leído, sobre mí o sobre ti mismo, eres amado. Al menos, los muertos y yo deseamos que sepas de tu inmortalidad y tus habilidades innatas para vivir a propósito y crear de modo consciente.

Cuando nuestros caminos se junten de nuevo, tal vez en una gran fiesta en el cielo, estoy seguro de que todo lo que ahora deseas será lo mínimo que habrás recibido.

Por cierto, el nuevo jefe... eres tú.

Lecturas recomendadas

Es probable que ahora sientas la misma curiosidad que tuve alguna vez y te preguntes: "¿Quién más piensa así?" Bueno, aquí te muestro los libros que aparecieron en mi vida; (en algunos hay ediciones en español). Estas obras me dieron paz y confirmaron mis pensamientos y sospechas sobre la vida y la realidad. La lista no tiene un orden en particular, excepto el primer libro (es parte de una serie que sacudió mi mundo hace 35 años). No importa si buscas estos títulos o dejas que otros te encuentren. Cuando tienes preguntas e *insistes* en encontrar las respuestas, de una u otra forma te llega la verdad.

Roberts, Jane. *Habla Seth: La naturaleza de la realidad personal*. **Luciérnaga, 2002.**
Como todos los libros de Seth (espectaculares), ésta es una obra muy profunda, objetiva y un poco compleja. Considero que Seth es como el "abuelo de todos".

Hesse, Herman. *Siddharta*. **Debolsillo, 2000.**
Es una historia atemporal y famosa a nivel mundial que contiene profunda sabiduría.

Scovel Shinn, Florence. *El juego de la vida y cómo jugarlo.* **Tomo, 2001.**
Escrito en los años veinte del siglo pasado, este libro otorga consejos simples y poderosos. Es una lectura sencilla para personas de todas las edades.

T. Spalding, Bair. *La vida de los maestros.* **Sirio, 2008.**
¡Alucinante! Los volúmenes 1 y 2 son tan inspiradores como emocionantes y llenos de aventuras.

Bach, Richard. *El manual del mesías: El libro perdido que responde a las preguntas del alma.* **Zeta Bolsillo, 2005.**
Juan Salvador Gaviota. **Punto de lectura, 2000.**
Ambas obras son estimulantes, divertidas y fáciles de leer. ¡Por algo estas dos novelas están en la lista de casi todo el mundo!

Raymond A. Moddy Jr. y Elisabeth Kübler Ross. *Vida después de la vida.* **Edaf, 2009.**
Es un clásico de la vida después de la vida y de las experiencias cercanas a la muerte.

Donald Walsch, Neale. *Conversaciones con Dios.* **Debolsillo, 2012.**
Cada uno de los libros de esta serie es asombroso e inspirador. También son muy fáciles y divertidos de leer.

Pad Rodegast y Judith Stanton. *El libro de Emmanuel.* **Luciernaga, 2002.**
La serie completa de los libros de Emmanuel nos ofrece suaves y a la vez enérgicos recordatorios de lo angelicales que somos. Maravilloso.

Ramtha. *El libro blanco.* **Arkano books, 2003.**
Es una obra amigable, poderosa e inspiradora. También es fácil de leer y es uno de los libros más intensos de esta lista.

Gibran, Kahlil. *El Profeta: Vida y época de Kahlil Gibran.* **Complutense, 2000.**
Comprensión de las verdades más básicas de la Tierra. Es un *bestseller* internacional y perenne.

D. Wattles, Wallace. *La ciencia de hacerse rico.* **Nowtilus, 2007.**
Si alguna vez has pensado que te gustaría ser rico, te encantará este libro. En verdad tiene una perspectiva única y alentadora.

Rand, Ayn. *La rebelión de Atlas.* **Grito sagrado, 2004.**
Rand, Ayn. *El manantial,* **Grito sagrado, 2005.**
Aunque Ayn Rand era una agnóstica/atea, sus libros son muy espirituales en lo que consideraba un "hombre devoto", y se deleitó en la gloria de la vida y en la habilidad de tener dominio sobre todo. Sus novelas épicas son fascinantes, románticas y profundamente filosóficas, y su talento es fuera de serie.

Byrne, Rhonda. *El secreto.* **Urano, 2007.**
Agradezco ser uno de los maestros en este documental excepcional sobre la ley de la atracción. Es tan inspirador como iluminador.

Agradecimientos

Escribir es como tener un bebé, aunque mi esposa no está muy de acuerdo. De repente, aparece algo que nunca había existido y por lo general vive más que tú, ya sean palabras o personas. Cada quien piensa que su libro, al igual que su hijo, es el más hermoso del mundo, aunque a veces sólo tú piensas eso.

Por eso, quiero quitarme el sombrero para agradecer de la manera más atenta y profunda a las increíbles editoras que trabajaron en este libro: Patty Gift y Anne Barthel. Siempre supieron el momento adecuado para alentarme o detenerme, y las cosas que debía borrar o… ¡eran impensables! Gracias porque muchas veces me mostraron las palabras correctas para expresar lo que en verdad quería decir. Su entusiasmo, empatía, inteligencia y habilidad son el sueño de cualquier escritor. Son las personas que todos los autores desearían tener en su equipo. Estoy muy feliz de que nuestros caminos se cruzaran.

10 lecciones de vida desde la muerte de Mike Dooley
se terminó de imprimir en enero de 2016
en los talleres de
Litográfica Ingramex, S.A. de C.V.
Centeno 162-1, Col. Granjas Esmeralda, C.P. 09810 México, D.F.